アジアのごはん

ワタナベマキ

Contents

Part 1
おつまみとサラダ
APPETIZER & SALAD

- 12 揚げ春巻き（ベトナム）
  ベトナムなます
- 14 水ぎょうざ（中国）
  水ぎょうざのたれ
- 16 バインセオ（ベトナム）
- 18 ガドガドサラダ（インドネシア）
- 19 生春巻き（ベトナム）
- 20 ソムタム（タイ）
- 21 ヤムウンセン（タイ）
- 22 香味さつま揚げ（タイ）
- 23 チヂミ（韓国）
- 24 かきのオムレツ（台湾）
- 25 切り干し大根の卵焼き（台湾）
- 26 キャベツとパプリカのサブジ（インド）
- 27 サモサ（インド）
- 28 空芯菜と干しえびのにんにく炒め（台湾）
  長ねぎの花椒炒め（中国）
- 29 揚げいんげんの豆豉ソース（中国）
  揚げなすの黒酢漬け（中国）
- 30 オクラのピーナッツあえ（インドネシア）
  きのこのガラムマサラ炒め（インド）
- 31 香菜とみつばのグリーンサラダ（ベトナム）
  紫玉ねぎとひき肉のサラダ（タイ）
- 32 ポッサム（韓国）
  野菜のナムル（韓国）

Part 2
肉と魚のおかず
MEAT & FISH

- 34 ガパオ（タイ）
- 36 アドボ（フィリピン）
- 38 鶏肉のサテ（インドネシア）
- 39 ラムのクミン焼き（インド）
- 40 ベトナム角煮（ベトナム）
- 41 台湾角煮（台湾）
- 42 豚肉と白菜の酸鍋（台湾）
- 43 マルタバ（マレーシア）
- 44 豚肉とミントの肉だんご（ベトナム）
  スパイシーから揚げ（インド）
- 45 鶏肉のココナッツ煮（インドネシア）
  蒸し鶏ときくらげの香菜辛みのせ（中国）
- 46 白身魚のレモングラス蒸し（タイ）
- 48 いわしのニョクマム焼き（ベトナム）
- 50 揚げさばの甘酢あんかけ（中国）
- 51 あさりのスンドゥブ（韓国）
- 52 豆あじのエスニック南蛮漬け（ベトナム）
  えびと細ねぎのチリ炒め（ベトナム）
- 53 いかとセロリのナンプラー炒め（タイ）
  白身魚の香味オイルがけ（韓国）

Part 3
ご飯と麺
RICE & NOODLE

- 60 海南チキンライス（シンガポール）
  海南チキンライスのたれ
- 62 ナシゴレン（インドネシア）
- 64 魯肉飯（台湾）
- 65 鶏肉飯（台湾）
- 66 台湾ちまき（台湾）
- 67 台湾ビーフン（台湾）
- 68 バインミー（ベトナム）
- 69 牛肉のフォー（ベトナム）
- 70 パッタイ（タイ）
- 71 トムヤムヌードル（タイ）
- 72 たけのこと高菜の黒酢がけご飯（中国）
  肉みそがけ汁なし麺（台湾）
- 73 あさりとバジルのスープご飯（ベトナム）
  ラクサ（マレーシア）

アジアの食卓と思い出
ASIAN TABLE & ESSAY

- 06 ベトナム
- 54 台湾
- 74 韓国
- 92 インド
- 78 アジアンテーブル3つのレシピ
  パイナップルのチェー／白きくらげとキンカンの
  ジャスミンシロップ／ラッシー

コラム
COLUMN

- 10 アジアの調味料と食材
- 58 アジアのたれとペースト
  ヌクチャム／ピーナッツソース
  スイートチリソース／ラー油
  チリオイル／グリーンカレーペースト

Part 4
カレー
CURRY

- 80 バターチキンカレー（インド）
  サフランライス
- 82 ひよこ豆のカレー（インド）
- 83 ほうれん草とチーズのカレー（インド）
- 84 タイのグリーンカレー（タイ）
- 85 えびのココナッツカレー（タイ）
- 86 ベトナムのチキンカレー（ベトナム）
- 87 卵とチキンのインドネシアカレー（インドネシア）
- 88 キーマカレー（インド）
- 89 スパイシーカレーピラフ（インドネシア）
- 90 牛肉とトマトのカレー（ベトナム）
- 91 ラムとコリアンダーのカレー（インド）

＊本書の決まりごと

- 各料理に国名や国旗を付記しました。
  アジア各国で食されている料理は、著者が代表的だと思う国を選んでいます。
- P8〜9、P56〜57、P76〜77、P94〜95に記載の旅グッズは、著者及び編集スタッフなどの私物です。購入先のお問い合わせには対応できませんので、ご了承ください。
- 小さじ1は5ml、大さじ1は15ml、1カップは200ml、米1合は180mlです。
- しょうが1かけ、にんにく1片とは、親指の先くらいの大きさを目安にしています。しょうがの薄切りは、風味をよくするため皮ごと使用しています。
- オリーブオイルはエキストラ・バージン・オリーブオイルを使用しています。
- 砂糖は精製されていないてん菜糖を使用しています。
- よく使う市販の調味料についてはP10、レシピにも応用できるたれやペーストなどはP58で紹介しています。
- コンロや魚焼きグリル、オーブントースターの火加減・加熱時間は目安です。様子を見て適宜調節してください。

はじめに

昔から旅が好きです。若い頃はリュックサックを背負ってバックパッカーのような旅もしました。最近は家族や友人と一緒に、時にはひとりで、時間を見つけては旅を楽しんでいます。旅のスタイルは昔と今でちょっと変わりましたが、その目的が「食」で、おいしいものを探しながらあちこち歩きまわる点は、ずっと変わっていない気がします。

魅了され続けているのがアジアの旅です。アジア各国はそれぞれに歴史や文化があって個性的ですが、どの国も、人も街もとてもラフで気どりがなくて、ふだんのままでいられるのが好きなところ。そのふだん通りの気楽な中に「ほどよい刺激」もあるのが、アジア旅行の魅力です。

アジア各国の料理は、素材とその使い方、味つけなど、とても興味深いものが多いです。そして、ふだんの料理にも取り入れやすく、いつの間にかクセになってしまうところがアジア料理ならでは。これまで、旅先で食べたいろいろな料理をアレンジしながら、私流の「アジアのごはん」を作ってきました。本書ではそれらをたくさん紹介しています。レシピに出てくる各国の調味料は、輸入食材専門店や通信販売で買うことができるので、皆さんもぜひ、いつもの食卓で「アジアのごはん」を楽しんでください！

本書の制作は「初日は台湾料理、翌日はベトナム料理、その次は…」と、国ごとに日を分け、ある日はキッチンに五香粉の香り、ある日はスパイスの香りが漂う中、撮影を行いました。旅する気分でさまざまな味わいのレシピをご提案した本書を、皆さんにも旅する気分で作って味わっていただけたらうれしいです。

INDIA

ワタナベマキ

Photographing

DAY1	TAIWAN
DAY2	VIETNAM
DAY3	MALAYSIA
	SINGAPORE
	PHILIPPINES
	INDONESIA
DAY4	CHINA
	KOREA
DAY5	THAILAND
DAY6	INDIA

Asian Table 1
VIETNAM

主菜：いわしのニョクマム焼き（P48）
つまみ：生春巻き（P19）
サラダ：ベトナムなます（P12）
主食：バインミー（P68）
デザート：パイナップルのチェー（P78）

アジアのごはん ★ エッセイ

香草好きの私にとって
ベトナムはまさに天国です。

ベトナムはこれまで何度か訪れています。フランスの植民地だった頃の面影を残した建築物が点在していて、「おしゃれなアジアの国」という印象があります。つい最近、ひとり旅で数年ぶりにホーチミンに行ってきました。以前訪れたときより高層ビルが増えて、ちょっと近代的になった感じもありましたが、街を歩き始めたら、アジアらしい混沌とした雰囲気や、渋滞の多い交通事情はあまり変わらず…。すぐに以前訪れたときの記憶がよみがえり、なつかしい気持ちで旅してきました。ベトナムの女性はみんなチャーミングで、とても輝いて見えます。おしゃれに敏感だし、親切で笑顔のかわいい人ばかり。見知らぬ人でも思わずついつい話しかけてしまいます。

毎度のことながら、今回の旅ももちろん「食」が目当て！ ベトナムには、本書でもご紹介しているおなじみのフォーや春巻き、バインセオなど、おいしい料理がたくさんあります。ポピュラーな料理でもお店によって違うので、食べ歩きしながらあれこれ味比べをするのも楽しいです。けれど、なんと言っても私の一番の楽しみは、日本ではなかなか手に入らない香草が食べられること。この旅でも、のこぎりコリアンダー

和食にも合うソボクな器→

人気の蓮茶。
さっぱり味で
おいしい！

VIETNAM

やどくだみなど、ベトナム料理に欠かせない香草を、ここぞとばかりに食べてきました。ベトナムは、香草好きの私にとってまさに天国です。それから、今回食べたもので最高においしかったのは、レモングラスがきいた野菜たっぷりのサワースープ。暑さに少し体力を奪われていたのですが、このスープを食べたとたん、ぐぐっと元気になりました！　日本に帰ったらすぐに作ってみようと、しっかりメモをとりながら味を覚えてきたのでした。
ホーチミンのほかには、フエとニャチャンを訪れたことがあります。古都であるフエは少し田舎ですが、昔ながらの情景が残っていて、とてもいいところでした。ニャチャンは海沿いにあるリゾート地で、すがすがしい気分にさせてくれるところ。どちらもホーチミンとはまったく違う雰囲気のある場所です。ホーチミンはベトナムで一番の都会なので、ベトナムという国の移り変わりもよくわかるし、いろいろな料理を食べられるので旅していて楽しいですが、時にはほかの土地を歩いて、都会とはまた違うベトナムを見てみると、新しい発見があっておもしろいなと思います。

甘～いベトナムコーヒー
が好き

COLUMN1

アジアの調味料と食材

本書で使用しているアジアの調味料と食材です。
輸入食材専門店や通信販売等で入手できるので、
キッチンに常備して、アジアならではの味を楽しんでください。

東南アジアの調味料

写真左はベトナムのニョクマム。中央はタイのナンプラー。どちらも魚介を塩漬けして発酵させた、独特の風味を持つ魚醤。右はココナッツミルク。ココヤシの果肉を削り、水を加えて搾ったもので、主に煮込み料理やお菓子等に使われる。

中国・台湾の調味料

写真左から順に、もち米を原料とする中国の代表的なお酒・紹興酒と、主に炒め物やたれなどに使われるごま油。いずれも料理にコクと風味を加えてくれる。右の2点は、まろやかな酸味と芳醇な香りを持つ、中国の黒酢といわれる香醋（こうず）。

辛みを加えるもの

写真左上は、辛さの中に甘みもある韓国の唐辛子みそ・コチュジャン。右上は、トマトソースに唐辛子で辛みをつけたチリソース。右下は乾燥させた赤唐辛子。左下は赤唐辛子が熟す前の、フレッシュな辛さのある青唐辛子。

風味やうまみを加えるもの

左上から時計まわりに、シナモンやクローブなどを混合した香辛料・五香粉。ピリピリとした辛みと豊かな風味の花椒。強い塩けと風味のある豆豉。独特のうまみが詰まった干しえび。いずれも主に中国料理で使われる。

ハーブ各種

左上から時計まわりに、「パクチー」「コリアンダー」とも呼ばれる香菜。ほのかに甘みを感じる強い香りのスイートバジル。さわやかな風味で香りづけなどに使うレモングラス。すっきりとした清涼感が特徴のスペアミント。

スパイス各種

上段左から順に、ターメリック、コリアンダー、ガラムマサラ、カレー粉。下段左から順に、カイエンペッパー、カルダモン、クミン。いずれも主にインド料理で使われるスパイス。ものによってパウダー状とシード状のものがある。

その他の食材

写真左のジャスミンライスは、インディカ米に香りをつけたもの。本書ではスパイス等を加えて炊く場合にインディカ米を、そのまま炊く場合にジャスミンライスを使用。写真右はえびせんべい。油で揚げ、ナシゴレンなどに添える。

Part 1
おつまみとサラダ
APPETIZER & SALAD

アジア各国には、お酒によく合う屋台フードや
暑い季節にぐぃっとビールが飲みたくなる、
唐辛子やスパイスを使った料理がたくさんあります。
そして、野菜をたっぷり食べるのも特徴のひとつ。
そんなアジア料理の魅力が詰まった、おつまみとサラダです。

VIETNAM

揚げ春巻き

サクッと香ばしい揚げ春巻きに、ハーブがこんなに合うなんて！
食べやすいひと口サイズにするのがベトナムスタイルです。

> Đói bụng
> お腹がすいた

材料（8〜10本分）

豚ひき肉　150g
玉ねぎ　1/3個
春雨（乾燥）　20g

A ┃ にんにく（みじん切り）　1片分
　┃ 溶き卵　1/2個分
　┃ 塩　小さじ1/4
　┃ 粗びき黒こしょう　少々
　┗ 酒　大さじ1

ライスペーパー　8〜10枚
揚げ油　適量
ミント・香菜・ベトナムなます・
　ヌクチャム（→P58）　各適量
レモン（くし形切り）　1/8個分

作り方

1. 玉ねぎはみじん切りにする。春雨はかぶるくらいのぬるま湯に5分つけてもどし、水けをよくきり、1cm長さに切る。
2. ボウルにひき肉、1、Aを合わせ、ねばりが出るまで練り混ぜ、8〜10等分にする。
3. ぬれぶきんを広げ、ライスペーパーを1枚ずつのせ、霧吹きで水をかけて全体を湿らせる（a）。
4. 3を縦半分に折り、手前に2をのせる。両端を内側に折りたたみ、ぎゅっと押さえながら向こう側にくるくると巻く（b）。
5. 170℃に熱した油に4を入れ、カリッと香ばしく、きつね色になるまで揚げる。器に盛り、ミント、香菜、ベトナムなます、ヌクチャムを添える。好みでレモンを搾る。

a

b

ベトナムなます

材料と作り方（2人分）

大根約8cm（200g）、にんじん1/2本はせん切りにする。塩小さじ1/2をふってもみ、しんなりしたら水分を絞る。ヌクチャム（→P58）大さじ2を加えてあえる。刻んだピーナッツを散らしても。

Memo 🇻🇳　ライスペーパーや葉野菜などに具を包んで食べる料理が多いベトナム。揚げ春巻きはその代表格です。たっぷりの野菜と一緒に、甘酸っぱいヌクチャムにつけていただくのが一般的。ベトナムなますは、バインミー（→P68）にはさんだり、ベトナムでとてもよく使われるそうざいです。

CHINA

水ぎょうざ

ちょっと厚めの皮は、手作りならではのもちもち食感。
香菜がふわっと香るジューシーなあんのうまみを逃がしません。

好像很好吃
おいしそう

材料（15個分）

<皮>
A ┌ 強力粉　130g
　└ 薄力粉　30g
ぬるま湯　100〜120㎖

<あん>
豚ひき肉　100g
セロリ　1本
香菜　7本
塩　小さじ1/3
B ┌ しょうが（みじん切り）　1と1/2かけ分
　│ 紹興酒（または酒）　大さじ1/2
　└ しょうゆ・ごま油　各小さじ1

作り方

1. 皮を作る。ボウルにAを合わせ、ぬるま湯を少しずつ加えながら手で手早く混ぜ、ボウルに生地がつかないくらいのかたさになったら、丸くまとめる。

2. 打ち粉（分量外）をした台に1をのせ、よくこねる。全体につやが出てしっとりとなじんだら、ラップで包み30分おく。

3. あんを作る。セロリと香菜はみじん切りにする。セロリは塩をふってもみ、しんなりしたら水分をぎゅっと絞る。合わせてボウルに入れ、ひき肉とBを加え、ねばりが出るまで練り混ぜる。

4. 2を転がしながら30cmの棒状にのばし、2cm幅に切って15等分する。それぞれ丸くつぶし、回転させながら、めん棒で直径約10cmの円形にのばす（a）。なるべく真ん中を厚めにするとよい。

5. 3を15等分してそれぞれ4にのせ（b）、ひだを寄せながら包み、熱湯で約7分ゆでる。途中でふきこぼれそうになったら差し水をする。ゆで汁とともに器に盛り、たれを添える。

a

b

水ぎょうざのたれ

材料と作り方(2人分)
黒酢大さじ1としょうゆ大さじ1/2を合わせ、しょうがのせん切り1かけ分を加える。

Memo
日本では、ぎょうざといえば焼きぎょうざですが、中国では主にゆでたぎょうざに、黒酢ベースのたれをつけて食べることが多いそう。この香菜入りぎょうざは、以前中華料理屋さんで食べて、そのおいしさに感動！それ以来よく作ります。ここではセロリのシャキシャキ食感も加えました。

VIETNAM

バインセオ

パリッと焼けた、ココナッツ風味のほんのり甘い生地と、
ごま油で炒めた具が好相性。食べるときにレモンを搾って。

Đã ăn lần nào chưa?
食べたことある？

材料（2人分）

豚もも薄切り肉　120g
もやし　1/2袋
A ┌ 上新粉　大さじ3
　 │ 薄力粉　大さじ2
　 │ ココナッツミルク　1/4カップ
　 └ 水　1/2カップ
卵　2個
塩　適量
粗びき黒こしょう　少々
酒　大さじ1
ごま油　大さじ2
ヌクチャム（→P58）・ベトナムなます（→P12）・
　青じそ・バジル・サニーレタス　各適量
レモン（くし形切り）　1/8個分

作り方

1. 豚肉は細切りにし、もやしはひげ根をとる。
2. ボウルにAを合わせ、泡立て器で混ぜる。ダマがなくなったら卵を加えてよく混ぜ（a）、塩少々、黒こしょうで調味する。
3. フライパンにごま油大さじ1を中火で熱し、豚肉を炒める。火が通ったらもやしを加え、酒と塩少々を加えてさっと炒め、バットに取り出す。
4. 3のフライパンをキッチンペーパーでふき、残りのごま油を中火で熱し、2を流し入れ、丸く広げて焼く（b）。
5. 7割ほど火が通ったら手前に3をのせ、向こう側から手前に折りたたみ、パリッと焼けたら器に盛る。
6. ヌクチャムとベトナムなますを合わせてつけだれにし、青じそ、バジル、サニーレタスとともに5に添える。好みでレモンを搾る。

お休みの日の夕暮れどきに、ビール片手にちびちびつまめば、お腹も心も大満足。至福のひとときです。

a

b

Memo

バインセオは、ココナッツ風味の生地で具を巻いたベトナムの家庭料理。食堂や屋台などいろいろなところで見かけます。レタスなどの葉野菜に香草と一緒に巻いて食べますが、特にバジルとの相性が抜群。ここではスイートバジルですが、本場ではより香りの強いホーリーバジルを使います。

ガドガドサラダ

ピーナッツバターのコクに、ナンプラーの風味とお酢の酸味が加わった風味豊かなソースで、食べごたえのあるサラダです。

材料（2人分）

厚揚げ　1/2枚
もやし　1/2袋
モロッコいんげん　4本
塩　少々
トマト　大1個
アボカド　1個
ピーナッツソース（→P58）　大さじ2
チリパウダー　適量

作り方

1. 厚揚げはオーブントースターで焼き色がつくまで焼き、短辺を半分にして1cm厚さに切る。もやしはひげ根をとり、熱湯で約30秒ゆで、水けをきる。
2. モロッコいんげんは端を切り落とし、塩を加えた熱湯で約2分ゆでる。水けをきり、食べやすい長さに切る。
3. トマトは2cm角に切る。アボカドは縦半分にして種と皮をとり、2cm角に切る。
4. 器に1〜3を彩りよく盛り、ピーナッツソースをまわしかけ、チリパウダーをふる。

Memo

インドネシアの代表的なサラダです。インドネシア語で「ガドガド」は、「ごちゃ混ぜ」という意味だそう。その名の通り、ゆでた野菜や厚揚げ、ゆで卵など、いろいろな食材をひと皿に集めて盛り、インドネシア料理でよく使われるピーナッツのソースをかけていただきます。

生春巻き

野菜がたくさん食べられるヘルシーなおつまみ。
たれはヌクチャムやごまだれでもおいしいです。

材料（6本分）

むきえび　6尾
酒　大さじ1
春雨（乾燥）　20g
香菜　6本
レタス　4枚
ライスペーパー　6枚
スイートチリソース（→P58）　大さじ2
レモン（輪切り）　1枚
紫玉ねぎ・レモングラス（ともにあれば）　各適量

作り方

1. えびは酒を加えた熱湯で約2分ゆで、そのまま冷ます。キッチンペーパーで水けをふき、厚みを半分に切る。
2. 春雨は熱湯で約2分ゆで、水けをよくきる。香菜は長さを半分にし、レタスは細切りにする。
3. ライスペーパーは水でさっとぬらし、ぬれぶきんにはさんでもどす。
4. 3を広げ、1を真ん中に並べてのせ、香菜をのせる。手前に2のレタスと春雨を順にのせ、向こう側にひと巻きし、両端を内側にたたんでくるくると巻く。
5. 器に盛り、スイートチリソースと半分に切ったレモンを添え、あれば薄切りにした紫玉ねぎとレモングラスも添える。

Memo ベトナム料理といえば生春巻き、というほど日本でもおなじみです。ベトナムでもファーストフードのような専門店があるほどポピュラー。日本では、えびや春雨を具にすることが多いですが、ベトナムでは、ゆでた細切り牛肉や、日本にはないハーブやどくだみを使ったり、お店によってさまざまです。

ソムタム

甘みや酸味に干しえびの風味も加わって、シンプルだけど深い味。
青パパイヤがなければ大根やきゅうりで代用できます。

材料（2人分）

- 青パパイヤ　1個
- 干しえび　15g
- 香菜　5本
- A
  - にんにく（みじん切り）　1片分
  - しょうが（みじん切り）　1かけ分
  - 砂糖　小さじ1
  - 酢　大さじ1と1/2
  - ナンプラー・干しえびのもどし汁　各大さじ2
- ピーナッツ（粗く刻む）　10粒分
- チリパウダー　適量

作り方

1. 青パパイヤは皮をむいてせん切りにし、水にさっとさらし、水けをよくきる。
2. 干しえびはぬるま湯大さじ2に5分つけてもどし、水けをきって粗く刻む。もどし汁はAに加える。香菜はざく切りにする。
3. ボウルにAを合わせ、1と2を加えてあえる。器に盛り、ピーナッツを散らし、チリパウダーをふる。

Memo　辛くて甘酸っぱい青パパイヤのサラダは、代表的なタイ料理。本場では、せん切りのパパイヤと、ナンプラーや酢、砂糖などの調味料を石うすに入れて、棒でたたきながら味をなじませるそうです。唐辛子を加えるのが一般的ですが、チリパウダーで好みの辛さに調整できるレシピにしました。

ヤムウンセン

レモンをきかせたさわやかなサラダは、暑い季節にぴったり。
彩りもきれいで食欲を誘います。おもてなしにもおすすめ。

材料（2人分）

えび　6尾
片栗粉　大さじ2
酒　大さじ1
春雨（乾燥）　60g
きゅうり　1/2本
プチトマト　8個
香菜　5本
A ┌ にんにく（みじん切り）　1片分
　│ ナンプラー・レモン汁　各大さじ2
　└ ごま油　小さじ2
粗びき黒こしょう　適量

作り方

1. えびは殻をむいて背ワタをとる。片栗粉をふってもみ、流水で洗い流し、キッチンペーパーで水けをふく。酒を加えた熱湯で1分30秒ゆで、そのまま冷ます。
2. 春雨は熱湯で約2分ゆで、水けをきり、長さを半分に切る。
3. きゅうりは縦半分に切り、スプーンで種をとって斜め薄切りにする。プチトマトは縦半分に切り、香菜はざく切りにする。
4. ボウルにAを合わせ、1〜3を加えてあえる。器に盛り、黒こしょうをふる。

Memo タイ語で「ヤム」は「あえる」、「ウンセン」は「春雨」のことだそう。日本でも人気のこの春雨サラダは、代表的なタイ料理のひとつで、たいていのお店で見かけます。えびは必須ですが、どんな具材も春雨と混ぜれば「ヤムウンセン」になるので、好みでアレンジしてください。

揚げたてアツアツにライムを搾って、
キンキンのビールやスパークリングワインで！

香味さつま揚げ

材料（2人分）

えび　6尾
片栗粉　大さじ2
たら（切り身）　2切れ
玉ねぎ　1/2個
A ┌ にんにく（みじん切り）　1片分
　├ しょうが（みじん切り）　1かけ分
　├ 卵白　1個分
　├ 酒・ナンプラー　各大さじ1
　└ 粗びき黒こしょう　少々
揚げ油　適量
香菜・ミント　各適量
ライム　1/2個

作り方

1. えびは殻をむいて背ワタをとる。片栗粉をふってもみ、流水で洗い流し、キッチンペーパーで水けをふき、包丁で細かくたたく。
2. たらは皮と骨を除き、包丁で細かくたたく。玉ねぎは1cm角に切る。
3. ボウルに1、2、Aを合わせてよく混ぜる。
4. 3をスプーン2本でつくね状に丸め、170℃に熱した油に落とし、きつね色になるまで揚げる。器に盛り、香菜とミントを添え、半分に切ったライムを搾る。

Memo タイの屋台で人気のさつま揚げは、えびや魚のすり身を揚げたもの。ここでは玉ねぎを加えて食感にアクセントをつけました。

多めの油で外はカリッ、中はもちっと焼くのが
おいしいチヂミのポイント。

チヂミ

材料（直径約20cmのフライパン1台分）

にら 8本
細ねぎ 5本
赤ピーマン 1個
A ┌ 卵 2個
  │ 上新粉 大さじ3
  │ 酒 大さじ1
  └ 塩 小さじ1/3
ごま油 大さじ2

<たれ>
豆板醤 小さじ1/3
白すりごま・砂糖 各小さじ2
酢 大さじ1/2
しょうゆ 大さじ1

作り方

1. にらと細ねぎは5cm長さに切り、赤ピーマンは細切りにする。
2. ボウルにAを合わせて溶き混ぜ、1を加えてさっくりと混ぜる。
3. フライパンにごま油を中火で熱し、2を流し入れて焼く。カリッと香ばしく焼き色がついたら裏返し、同様に焼く。
4. ボウルにたれの材料を合わせてよく混ぜる。3を食べやすい大きさに切り、器に盛ってたれを添える。

Memo 日本でもおなじみの韓国の家庭料理。本来は小麦粉を使いますが、生地のもっちり感を出すために、上新粉にしました。

かきのオムレツ

ふんわり半熟の卵とふっくらしたかきが、口の中でとろけます。
ケチャップ味のソースは意外ですが、これがよく合うんです!

材料(2人分)

かき　6個
塩　大さじ1
細ねぎ　3本
にんにく(みじん切り)　1片分　酒　大さじ2

A
- 卵　3個
- 片栗粉　大さじ2
- 塩　少々
- 酒　大さじ1

B
- トマトケチャップ　大さじ2
- 片栗粉・砂糖　各小さじ2
- 酢　大さじ1
- 水　1/2カップ

ごま油　大さじ2

作り方

1. かきは塩をふってもみ、流水で洗い流し、キッチンペーパーで水けをふく。細ねぎは小口切りにする。
2. フライパンにごま油小さじ1とにんにくを中火で熱し、香りが立ったらかきを炒める。酒を加え、ふっくらとして火が通ったらバットに取り出す。
3. ボウルにAを合わせ、溶き混ぜる。2のフライパンを洗い、残りのごま油を中火で熱し、Aを流し入れる。
4. 半熟状になったら手前に2と細ねぎをのせ、向こう側から手前に折りたたみ、さらに半分に折って器に盛る。
5. 小鍋にBを合わせ、弱めの中火にかける。とろみがつくまで煮詰め、4にかける。

Memo 台湾の夜市で定番の屋台フードです。トロトロの卵でうまみの詰まったかきをくるみ、ケチャップベースの甘いたれでいただくこの料理は、ちょっとジャンクな屋台ならではの味。これを食べに台湾に行きたくなるおいしさです。夜市ではもっと甘いたれでしたが、ここでは甘みを控えめにしました。

切り干し大根の卵焼き

切り干し大根と長ねぎのほのかな甘みと、ごま油の香ばしい香り。
素朴でなつかしくて…でも、どこか新鮮な味わいです。

材料（直径約20cmのフライパン1台分）

切り干し大根（太めのもの） 30g
A ┌ 卵 4個
　├ 長ねぎ（みじん切り） 10cm分
　├ 塩 小さじ1/2
　├ 紹興酒（または酒） 大さじ1
　└ しょうゆ 小さじ1
ごま油 大さじ2

作り方

1. 切り干し大根はかぶるくらいの水に10分つけてもどし、水けを絞り、1cm長さに切る。
2. ボウルにAを合わせて溶き混ぜ、1を加えて混ぜ合わせる。
3. フライパンにごま油を中火で熱し、2を流し入れる。半熟状になるまで菜箸でかき混ぜ、平らにならす。
4. 8割ほど火が通ったら裏返し、両面をカリッと香ばしく焼く。

Memo 切り干し大根の入った卵焼きは台湾の家庭料理。数年前に台湾で食べたものは、発酵させた切り干し大根を使っていて、独特な風味でちょっとクセのあるおいしさでした。ここでは太めの切り干し大根でその味に近づけましたが、なければ普通の切り干し大根でお試しください。

キャベツとパプリカのサブジ

数種のスパイスが、野菜の自然なおいしさを引き出します。
初夏の夕方、白ワインと一緒に楽しみたいサラダ。

材料（2人分）

キャベツ　1/4個
赤パプリカ　1/2個
A ┌ クミンパウダー　小さじ1
　├ ターメリック　小さじ1/2
　└ ガラムマサラ　小さじ1/3
B ┌ 酒　大さじ1
　└ 塩　小さじ1/2
オリーブオイル　大さじ1と1/2
粗びき黒こしょう　適量

作り方

1. キャベツと赤パプリカは太めのせん切りにする。
2. フライパンにオリーブオイルを中火で熱し、Aを炒め、香りが立ったら1を加えて炒める。
3. 野菜がしんなりしたらBを加え、全体がなじむまでさらに炒める。器に盛り、黒こしょうをふる。

Memo　野菜を炒め煮したインドの家庭料理。日本でいえば、きんぴらのように親しまれているそうざいのひとつです。野菜のおいしさを味わえるシンプルなレシピで、ほかにもじゃがいも、玉ねぎ、にんじん、オクラ、カリフラワーなど、日本でもなじみのある野菜でアレンジできます。

サモサ

具にも揚げごろもにもスパイスが入っているので、
ひと口かじると口の中にアジアが広がります。これはぜひビールで！

材料（6個分）

じゃがいも　3個
にんじん　1/2本
グリーンピース　15粒
春巻きの皮　6枚

A ┌ カレー粉　小さじ2
　├ ガラムマサラ　小さじ1/3
　└ 塩　小さじ1/2

B ┌ 薄力粉　大さじ3
　├ ターメリック・クミンパウダー　各小さじ1/2
　├ 塩　ひとつまみ
　└ 水　大さじ4

揚げ油　適量

作り方

1. じゃがいもとにんじんは1cm角に切る。鍋に入れ、かぶるくらいの水を注いで中火にかける。煮立ったら弱火で約7分ゆで、湯を捨てて弱火で水分をとばす。

2. 1にグリーンピースとAを加え、じゃがいもを軽くつぶしながら混ぜ合わせる。全体がなじんだら火を止め、粗熱がとれたら6等分にする。

3. 春巻きの皮は半分に切って重ね、横長に置く。右下に2をのせ、三角形になるよう折りたたんでいく。合わせたBを巻き終わりに少量塗り、とじる。

4. 残りのBに3をくぐらせ、180℃に熱した油に入れ、きつね色になるまで揚げる。

Memo　サブジと並んで、インドの代表的な家庭料理。大人も子どもも、おやつ感覚で楽しんでいます。ここでは野菜と豆ですが、インドでは肉入りのボリューミィなものも食べました。具材も辛さもさまざまで、日本の家庭料理と同じように、各家庭ごとにその家の味があるようです。

空芯菜と干しえびのにんにく炒め

干しえびのうまみと、にんにくの風味が絶妙な青菜炒め。
空芯菜はさっと炒めて、シャキシャキ食感に。

材料(2人分)

空芯菜　1束
干しえび　大さじ2
にんにく（細切り）　1片分
ピーナッツ　15粒
紹興酒（または酒）　大さじ2
塩　小さじ1/3
ごま油　大さじ1

作り方

1. 空芯菜は10cm長さに切る。
2. 干しえびはかぶるくらいのぬるま湯に10分つけてもどし、水けをきって粗く刻む。
3. フライパンにごま油とにんにくを弱めの中火で熱し、香りが立ったら2とピーナッツを加えてさっと炒める。
4. 1と紹興酒を加えてさっと炒め、塩で調味する。

長ねぎの花椒(ホアジャオ)炒め

長ねぎの甘みと花椒のしびれる辛さが相性ぴったり。
すっきり辛口の日本酒や、冷えた白ワインのおともに。

材料(2人分)

長ねぎ　1本
花椒　6粒
しょうが（せん切り）　1かけ分
A ┌ 塩　小さじ1/3
　└ 紹興酒（または酒）　大さじ1
ごま油　大さじ1

作り方

1. 長ねぎは斜め薄切りにし、花椒は軽くつぶす。
2. 鍋にごま油としょうがを中火で熱し、香りが立ったら1を加えてさっと炒める。Aを加え、さっと混ぜる。

揚げいんげんの豆豉（トウチ）ソース

黒大豆を発酵させた豆豉は、シンプルな揚げ野菜に
風味とコクを加えてくれる、中国の万能調味料。

材料（2人分）
いんげん　20本
A ┬ 豆豉（みじん切り）　8粒分
　├ にんにく（みじん切り）　1片分
　├ 紹興酒（または酒）　大さじ1と1/2
　├ しょうゆ　小さじ1
　└ 酢・ごま油　各小さじ2
揚げ油　適量

作り方
1. いんげんは端を切り落とす。
2. 小鍋にAを入れ、弱めの中火にかけ、ひと煮立ちさせる。
3. 180℃に熱した油に1を入れ、約1分30秒揚げる。熱いうちに器に盛り、2をかける。

揚げなすの黒酢漬け

中国の黒酢といわれる香醋を使うと、濃厚な味わいに。
なすは中温でじっくり揚げると、味がよくなじみます。

材料（2人分）
なす　5本
A ┬ しょうが（せん切り）　1かけ分
　├ 塩　小さじ1/4
　├ 黒酢　大さじ4
　├ しょうゆ　大さじ2
　└ だし汁　3/4カップ
揚げ油　適量
糸唐辛子　適量

作り方
1. なすは縦に4等分に切り、水に5分さらしてキッチンペーパーで水けをふく。
2. ボウルにAを合わせる。
3. 170℃に熱した油に1を入れ、きつね色になるまで揚げる。熱いうちに2に漬けて、味をなじませる。器に盛り、糸唐辛子をのせる。

オクラのピーナッツあえ

ゆでたオクラにこっくり味のあえごろもをからめました。
仕上げのチリパウダーで辛みをきかせるのがポイント。

材料(2人分)
オクラ　10本
塩　小さじ1
A ┌ ピーナッツバター(無糖)　大さじ3
　│ しょうが(みじん切り)　1かけ分
　│ 酢　小さじ2
　└ ナンプラー・ごま油　各大さじ1
チリパウダー　適量

作り方
1. オクラはかたいガクをむき、塩をまぶして板ずりする。熱湯で約30秒ゆで、水けをきり、縦半分に切る。
2. ボウルにAを合わせ、1を加えてあえる。器に盛り、チリパウダーをふる。

きのこのガラムマサラ炒め

ガラムマサラはインド料理のミックススパイス。
うまみの詰まったきのことよく合います。

材料(2人分)
エリンギ　100g
まいたけ　100g
にんにく(たたいてつぶす)　1片
A ┌ ガラムマサラ　小さじ2/3
　│ 塩　小さじ1/3
　└ 酒　大さじ1
オリーブオイル　大さじ1
ガラムマサラ　適量

作り方
1. エリンギは長さを半分に切り、縦に薄切りにする。まいたけは食べやすい大きさにほぐす。
2. フライパンにオリーブオイルとにんにくを弱めの中火で熱し、香りが立ったら1を炒める。しんなりしたらAを加え、全体になじむまで炒める。器に盛り、ガラムマサラをふる。

香菜とみつばのグリーンサラダ

ニョクマムと黒酢を合わせたドレッシングで、
香りのある野菜をたっぷりいただくシンプルサラダ。

材料（2人分）
香菜　1束
みつば　1束
桜えび　15g
A ┌ にんにく（せん切り）　1片分
　├ しょうが（せん切り）　1かけ分
　└ ニョクマム・黒酢・ごま油　各大さじ1
白いりごま　適量

作り方

1. 香菜とみつばはざく切りにする。
2. フライパンに桜えびを入れ、香りが立つまで弱火でから炒りする。
3. ボウルにAを合わせ、1と2を加えてさっとあえる。器に盛り、白ごまをふる。

紫玉ねぎとひき肉のサラダ

さわやかな辛さのあるサラダはタイの「ラープ」風。
ご飯や汁麺にかけてもおいしいです。

材料（2人分）
豚ひき肉　150g
紫玉ねぎ　1/2個
しょうが（せん切り）　1かけ分
香菜　8本
青じそ　8枚
A ┌ 青唐辛子（種ごと小口切り）　1/2本分
　├ スイートチリソース（→P58）・酢　各大さじ1
　└ ナンプラー　大さじ1/2
ごま油　大さじ1

作り方

1. 紫玉ねぎは縦に薄切りにする。紫玉ねぎとしょうがは、それぞれ水に3分さらして水けをきる。香菜と青じそはざく切りにする。
2. フライパンにごま油を中火で熱し、ひき肉を炒める。色が変わったら合わせたAを加え、全体になじむまで炒める。
3. ボウルに1を入れ、2を加えてさっくりとあえる。

ポッサム

余分な脂が抜けたヘルシーなゆで豚やキムチを
葉野菜で包んで食べる、韓国の人気料理です。

材料(2人分)

豚肩ロースかたまり肉　500g	サンチュ　6枚
塩　小さじ1	青じそ　6枚
ごま油　大さじ1	えごまの葉　3〜4枚
酒　1/4カップ	白菜キムチ　80g
長ねぎ(白い部分)　10cm	白いりごま　適量

作り方

1. 豚肉は塩をすり込み、全体になじんだらごま油をまぶし、ラップでしっかりと包み、冷蔵庫でひと晩おく。
2. 1を常温にもどし、酒を加えた熱湯に入れ、火が通るまで弱めの中火で40〜50分ゆで、1cm厚さに切る。
3. 長ねぎは縦に切り目を入れて芯をとり、縦にせん切りにする。水に5分さらして水けをきる。
4. 器に2、3、サンチュ、青じそ、えごまの葉、キムチをのせ、白ごまをふる。サンチュに豚肉とほかの野菜、キムチをのせ、巻いて食べる。

野菜のナムル

作りたてはもちろん、数日たって味がなじむと
いっそうおいしくなります。

材料(2人分)

ゴーヤー　1/2本	A [塩　小さじ3/4
れんこん　150g	[ごま油　小さじ3
にんじん　1/2本	黒すりごま　適量
紹興酒(または酒)　大さじ2	

作り方

1. ゴーヤーは種とワタをとり、3mm厚さの薄切りにし、水に5分さらして水けをきる。れんこんとにんじんは3mm厚さの半月切りにし、れんこんは水に3分さらして水けをきる。
2. 紹興酒を加えた熱湯でれんこんを約1分ゆでてざるに上げ、次ににんじんを約1分ゆでてざるに上げ、さらにゴーヤーを約30秒ゆでてざるに上げる。
3. それぞれ熱いうちにAを1/3量ずつまぶし、器に盛り、黒ごまをふる。

Part 2
肉と魚のおかず
MEAT & FISH

肉や魚を使ったおかずも、いろいろなハーブと合わせたり、
ナンプラーやスパイス、ココナッツミルクなどの
調味料で味つけすれば、たちまちアジアンテイストに。
いつもとちょっと違う食卓を楽しみたいとき、
手軽に作れる肉と魚のおかずをご紹介します。

THAILAND

ガパオ

さわやかなバジルの香りと唐辛子の辛み、ナンプラーの風味で一気にアジア気分。ご飯と目玉焼きをよく混ぜていただきます！

ทานล่ะนะ คะ
いただきます

材料（2人分）

鶏ひき肉　150g
バジル　16〜20枚
玉ねぎ　1/2個
赤ピーマン　1個
にんにく（みじん切り）　1片分
A ┌ 赤唐辛子（種をとってみじん切り）　1/2本分
  │ ナンプラー　大さじ1
  └ 酒　大さじ2
粗びき黒こしょう　少々
卵　2個
オリーブオイル　大さじ2と1/2
ジャスミンライス　2合

作り方

1. ジャスミンライスはさっと洗い、水けをきって鍋に入れる。米と同量の水、塩ひとつまみ（分量外）を加え、ふたをして強火にかける。煮立ったら弱火で15分炊き、火を止めて15分蒸らす。
2. 玉ねぎと赤ピーマンはみじん切りにする（a）。
3. フライパンにオリーブオイル大さじ1/2とにんにくを弱めの中火で熱し、香りが立ったらひき肉を加えて炒める。
4. 肉の色が変わったら2を加え、炒める。野菜がしんなりしたらAを加えて炒め合わせ（b）、バジルと黒こしょうを加えてさっと炒める。
5. 別のフライパンにオリーブオイル大さじ1を中火で熱し、卵を割り入れる。オリーブオイルをスプーンですくって表面にかけながら揚げ焼きする（c）。同様にもうひとつ作る。
6. 器に1をよそい、4と5をのせる。

a

b

c

Memo　ガパオは、ひき肉にバジルを加えて炒めた料理。ご飯にのせて目玉焼きと一緒に食べるのが一般的で、日本のタイ料理屋さんでも人気です。「ガパオ」はホーリーバジルのことだそうですが、ここでは入手しやすいスイートバジルを使いました。ホーリーバジルなら、より香りの強い刺激的な味に仕上がります。

PHILIPPINES

アドボ

酸っぱくて甘辛の肉料理が、ご飯に合わないはずがありません！
くたくたに煮えた野菜にも煮汁がしっかりしみておいしい。

masarap
おいしい

材料（2人分）

鶏手羽先　6本
長ねぎ　1本
赤パプリカ　1個
A ┌ にんにく（薄切り）　1片分
  └ しょうが（薄切り）　1かけ分
B ┌ レモングラス　3本
  │ 砂糖　大さじ1と1/2
  │ 酒　1/4カップ
  │ 酢　70mℓ
  └ 水　3と1/2カップ
C ┌ しょうゆ　大さじ2
  └ 塩　小さじ1/4
ごま油　小さじ1

作り方

1. 手羽先は内側の骨に沿って切り目を入れる（a）。
2. 長ねぎは5cm長さにし、縦半分に切る。赤パプリカは縦に2cm幅に切る。
3. 鍋にごま油を中火で熱し、1を入れて両面に焼き色をつける（b）。Aを加えて炒め、香りが立ったら2を加えて炒める。
4. 野菜がしんなりしたらBを加え（c）、アクをとりながらひと煮立ちさせる。落としぶたをして弱火で約15分煮たらCを加え、煮汁が2/3くらいになるまで約10分煮る。

a

b

c

Memo　フィリピンの代表的な家庭料理。スペインから伝わったものだそうです。鶏手羽元や豚バラ肉を使ったり、鶏肉と豚肉を一緒に使ったりすることもありますが、ここでは食べやすい手羽先にしました。たっぷりの酢で煮込む料理は、熱帯の国ならではの、暑さを乗り切る知恵なのだと思います。

甘めのピーナッツだれに漬けた鶏肉は、とてもやわらか。
こんがり焼けたところがたまりません！

鶏肉のサテ

材料（2人分）

鶏胸肉　400g
玉ねぎ　1/4個
おろしにんにく　1片分
A ┌ ピーナッツバター（無糖）・ココナッツミルク・
　│　 ナンプラー　各大さじ2
　│ 酒　大さじ1
　└ 粗びき黒こしょう　少々
オレンジ（半月切り）　1/2個分

作り方

1. 鶏肉はひと口大に切る。

2. 玉ねぎはすりおろす。ボウルにAを合わせ、玉ねぎとにんにくを加えてよく混ぜる。1を加えてもみ込み、冷蔵庫で半日おく。

3. 2を等分して竹串に刺し、魚焼きグリルの弱火（またはオーブントースター）で焼き色がつくまで7～8分焼く。器に盛り、オレンジを添える。

Memo　たれに漬けた鶏肉を串に刺して焼く焼き鳥風。東南アジアの各国にありますが、インドネシアの屋台で食べた炭焼きが絶品でした。

ラムのクミン焼き

クミンの香りが食欲をそそります。
お酒好きならワインでも。

材料（3〜4人分）

骨つきラム肉　8本
A ┃ おろしにんにく　1片分
　 ┃ クミンシード・酒　各大さじ2
　 ┃ 塩　小さじ1
グリーンアスパラ（細めのもの）　15本
酒　大さじ2
オリーブオイル　大さじ1
クミンシード　適量

作り方

1. ラム肉は常温にもどし、合わせた**A**をもみ込み、30分〜1時間おく。
2. アスパラは根元のかたい部分を切り落とす。
3. フライパン（あればグリルパン）にオリーブオイルを中火で熱し、1を入れて両面に焼き色をつける。
4. 2を加え、酒をまわしかけてふたをし、約1分30秒蒸し焼きにする。器に盛り、クミンシードを散らす。

Memo　インドでは、マトンをスパイス焼きにしたり煮込んだりします。ここでは食べやすいラム肉とクミンでアレンジしました。

ベトナム角煮

見た目はこってりですが、さわやかな味わい。
唐辛子の辛みもピリッときいて、ご飯のおかわり必至です。

材料（2人分）

- 豚肩ロースかたまり肉　500g
- おろしにんにく　2片分
- ニョクマム　大さじ3
- 玉ねぎ　1個
- A
  - レモングラス・赤唐辛子(種をとる)　各1本
  - 砂糖　大さじ1
  - 酒　1/2カップ
  - 水　5カップ
- 万願寺唐辛子(赤・青)　各4本
- レモン汁　大さじ2
- ごま油　小さじ1
- ココナッツミルク　適量

作り方

1. 豚肉ににんにくとニョクマム大さじ1と1/2をよくもみ込み、冷蔵庫でひと晩おく。
2. 玉ねぎは4つ割りにする。
3. 鍋にごま油を中火で熱し、常温にもどした1を入れ、転がしながら焼き色をつける。Aと2を加え、アクをとりながらひと煮立ちさせ、落としぶたをして弱火で約1時間煮る。
4. 万願寺唐辛子、残りのニョクマム、レモン汁を加え、さらに約30分煮る。器に盛り、ココナッツミルクをまわしかける。

Memo　豚肉や鶏肉を、レモングラスで煮込むベトナム料理をベースにしました。肉にもみ込んだニョクマムやレモン汁も加わって、日本の角煮とはひと味違うエスニックな仕上がりに。煮るときにココナッツミルクを加えてもいいですが、ここでは最後にまわしかけてほんのり風味をつけました。

台湾角煮

しっかり味なのに、肉の脂が抜けてあと味すっきり。
煮汁がしみた甘い長ねぎも、脇役ながらいい味出してます!

材料(2人分)

豚バラかたまり肉　500g
塩　小さじ1
長ねぎ　1本

A
- しょうが(薄切り)　1かけ分
- にんにく(たたいてつぶす)　1片
- 八角　2個
- 昆布(5cm角)　1枚
- 紹興酒(または酒)　1/4カップ
- 水　5カップ

しょうゆ　大さじ1
ごま油　少々

作り方

1. 豚肉は塩をすり込み、冷蔵庫でひと晩おく。
2. 長ねぎは斜め薄切りにする。
3. 鍋にごま油を中火で熱し、常温にもどした1を入れ、転がしながら焼き色をつける。
4. Aと2を加え、アクをとりながらひと煮立ちさせ、落としぶたをして弱火で約1時間煮る。しょうゆを加え、さらに約30分煮る。

Memo 香りの強い八角を加えて煮込むのが台湾風の角煮。台湾では、ご飯にのせて出てくるお店もあります。八角は甘みと苦みが入り交じった独特の香りがあり、豚肉の臭みが消えて食べやすくなります。コンビニエンスストアでよく見る煮卵など、台湾料理によく使われる香辛料です。

豚肉と白菜の酸鍋

一度食べるとやみつきになる、忘れられない味のお鍋。
酸味がきいているので、暑い季節にも食べたくなります。

材料（2人分）

豚バラ肉（しゃぶしゃぶ用）　200g
白菜　1/4株
塩　小さじ1と1/2
玉ねぎ　1個
焼き豆腐　1/2丁
金針菜（あれば）　12本
A ┌ 昆布（5cm角）　1枚
　├ 紹興酒（または酒）　1/4カップ
　└ 水　2カップ
黒酢・香菜（ざく切り）　各適量
白練りごま　大さじ1〜2
ラー油（→P58）　適量

作り方

1. 白菜はせん切りにする。塩をふってもみ、しんなりしたら軽く絞り、黒酢1/4カップを加えてあえる。
2. 玉ねぎは縦に7〜8mm幅に切り、焼き豆腐は短辺を半分にして1cm厚さに切る。金針菜はかぶるくらいのぬるま湯に10分つけてもどし、水けを絞る。
3. 鍋にAと1を入れて中火にかけ、煮立ったら玉ねぎを加え、約5分煮る。焼き豆腐、金針菜を加え、ひと煮立ちさせ、豚肉を広げて加え、火を通す。
4. 器に黒酢適量、練りごま、ラー油、香菜を入れ、3をつけて食べる。

> **Memo**　酢漬けの白菜の酸味とうまみで食べるお鍋です。本来は塩漬けして1か月ほどおき、発酵させた白菜を使いますが、手軽にできるレシピにしました。台湾では、黒酢や香菜、ごまだれ、ラー油などの調味料がバイキング形式に並んでいるお店もあり、好みの味に調整しながらいただきます。

マルタバ

カリッと焼けた卵の生地に、豚バラのうまみと香菜の風味が
よくなじんで、文句なしのおいしさです！

材料（2人分）

豚バラ薄切り肉　150g
香菜　6本
細ねぎ　4本
にんにく（みじん切り）　1片分
A ┬ ナンプラー　大さじ1
　└ 粗びき黒こしょう　少々
B ┬ 卵　2個
　├ 薄力粉・水　各大さじ2
　└ 砂糖　小さじ1
トマト・グリーントマト　各1/2個
ごま油・塩　各適量

作り方

1. 豚肉は5mm幅に切る。
2. 香菜はざく切りにし、細ねぎは小口切りにする。
3. フライパンにごま油少々とにんにくを中火で熱し、香りが立ったら1を炒める。色が変わったら2を加え、さっと炒める。Aを加えて混ぜ、バットに取り出す。
4. ボウルにBを合わせ、溶き混ぜる。3のフライパンを洗い、ごま油少々を熱し、Bを流し入れ、丸く広げて焼く。
5. 半熟状になったら真ん中に3をのせ、四方を内側に折りたたみ、カリッと香ばしく焼き、器に盛る。
6. トマトとグリーントマトは1.5cm角に切り、ごま油、塩を加えてさっとあえ、5に添える。

Memo　マレーシアの屋台で食べたこの料理は、インドネシアなどでも人気だそうです。本場では気軽に食べるおやつのような感覚でしたが、ここでは豚バラ肉をたっぷり入れて、ご飯のおかずにしました。お店によって具はいろいろで、チョコレートやジャムを使った甘いものもあります。

豚肉とミントの肉だんご

さわやかなミントのおかげで、すっきり味の揚げ物です。
そのままでおいしいし、ヌクチャムをつけても。

材料（10個分）
豚ひき肉　300g
ミント　10g
玉ねぎ　1/2個
しょうが（みじん切り）　1かけ分
A ┌ 卵　1個
　│ 片栗粉・酒　各大さじ1
　│ 塩　小さじ1と1/5
　└ 粗びき黒こしょう　適量
揚げ油　適量
トレビス　適量

作り方
1. ミントの半量と玉ねぎはみじん切りにする。
2. ボウルにひき肉、1、しょうがの半量、Aを入れる。ねばりが出るまで練り混ぜ、10等分して丸める。
3. 170℃に熱した油に2を入れ、きつね色になるまで揚げる。器に盛り、残りのミントとトレビスを添え、残りのしょうがを散らす。

スパイシーから揚げ

スパイスとヨーグルトをもみ込んだインド風のから揚げ。
しっとりやわらかくて、風味豊かな味わいです。

材料（2人分）
鶏もも肉　250g
鶏胸肉　250g
A ┌ ヨーグルト　大さじ4
　│ おろしにんにく　1片分
　│ おろししょうが　1かけ分
　│ カレー粉　大さじ1
　│ クミンパウダー・
　│ 　コリアンダーパウダー
　│ 　各小さじ1/2
　└ 塩　小さじ1
B ┌ 薄力粉・片栗粉
　└ 　各大さじ2
紫玉ねぎ（薄切り）　1/4個分
揚げ油　適量
カイエンペッパー・
　ターメリック　各適量

作り方
1. 鶏肉はそれぞれ皮を除き、食べやすい大きさに切る。合わせたAをよくもみ込み、30分おく。
2. 1にBを加えて手早く混ぜ、全体になじませる。
3. 170℃に熱した油に2を入れ、きつね色になるまで揚げる。器に盛り、紫玉ねぎを添え、カイエンペッパー、ターメリックをふる。

鶏肉のココナッツ煮

ココナッツミルクのやさしい甘みとコクで
飽きのこない味わいです。ご飯にかけてもいいですね。

材料(2人分)

鶏手羽元　6本
A ┌ おろしにんにく　1片分
　└ おろししょうが　1かけ分
玉ねぎ　1/2個
黄パプリカ　1/2個
いんげん　6本
B ┌ ココナッツミルク　2カップ
　│ 酒　大さじ2
　└ 水　3/4カップ
ナンプラー　大さじ2
オリーブオイル　小さじ2
粗びき黒こしょう　適量

作り方

1. 手羽元に A をよくもみ込む。
2. 玉ねぎと黄パプリカは縦に5mm幅に切る。いんげんは端を落とし、縦半分に切る。
3. 鍋にオリーブオイルを中火で熱し、玉ねぎとパプリカを炒める。しんなりしたら1を加え、焼き色がつくまで焼く。
4. B を加え、アクをとりながらひと煮立ちさせる。ふたをして弱火で約10分煮たらナンプラーといんげんを加え、さらに7～8分煮る。器に盛り、黒こしょうをふる。

蒸し鶏ときくらげの香菜辛みのせ

ジューシーに蒸し上がった鶏肉と、コリコリ食感の
きくらげが好相性で、お箸が止まりません。

材料(2人分)

鶏もも肉　300g
きくらげ(乾燥)　5個
A ┌ 紹興酒(または酒)・
　│ 　ごま油　各大さじ2
　└ 塩　小さじ1/3
B ┌ 赤唐辛子(種をとって小口切り)　1/2本分
　│ にんにく(みじん切り)　1片分
　│ しょうが(みじん切り)　1かけ分
　└ 白いりごま　大さじ1
香菜　5本

作り方

1. 鶏肉は常温にもどし、耐熱皿に入れて A をふる。蒸気の上がった蒸し器に皿ごと入れ、強火で約10分蒸す。
2. きくらげはたっぷりのぬるま湯に30分つけてもどし、熱湯で約3分ゆで、細切りにする。
3. 2に B を加えて混ぜ、ざく切りにした香菜を加えて混ぜ合わせる。
4. 1を食べやすい大きさに切り、器に盛り、3をかける。

THAILAND

白身魚のレモングラス蒸し

蒸している間中、さわやかなレモングラスの香りが
キッチンに漂って食欲をそそります。おもてなしにも便利です。

ชอบ มาก
大好き

材料（2人分）
めばるなどの白身魚（小さめのもの） 2尾
塩 小さじ1/3
A ┌ レモングラス 5本
  │ 唐辛子（赤・青/種をとって小口切り） 各1/2本分
  └ しょうが（薄切り） 2かけ分
B ┌ 酒 大さじ3
  └ ナンプラー 大さじ2
ごま油 大さじ1と1/2

作り方

1. 白身魚はうろこ、内臓、えらを除き、キッチンばさみでひれを切り取る（a）。流水で洗って塩をふり、15分おいたらキッチンペーパーで水けをふく。

2. 耐熱皿に1を入れ、Aをのせる。レモングラスはひねってからのせる（b）。Bをふり、蒸気の上がった蒸し器に皿ごと入れ、強火で約15分蒸す。

3. 仕上げにごま油をまわしかける（c）。

蒸し料理が好きで愛用しているせいろ。直径24cmのこの大きさは、使いやすくて大活躍。使い込んでいい色に。

a

b

c

Memo ここではめばるを使いましたが、タイでは雷魚やなまずなどの淡水魚をよく料理に使います。その特有の臭みをとるため、アジア料理に欠かせないレモングラスが活躍します。旅先で、その土地ならではの食文化に触れるのは楽しいですね。レモングラスは使う前にひとひねりすると、より香りが立ちます。

VIETNAM

いわしのニョクマム焼き

しっかり味がついているのでそのままでも十分ですが、
レモンをきゅっと搾ったり、「酢＋ごま油」につけても美味！

Cái nài ngon!
これ、おいしい！

材料（2人分）

いわし（小さめのもの）　8〜10尾
A ┌ 粗びき黒こしょう　大さじ1/2
　└ ニョクマム・酒　各大さじ2
ごま油　大さじ1
紫玉ねぎ　1/2個
バジル・ミント　各適量
レモン（くし形切り）　1/8個分

作り方

1. いわしは頭をちぎり、内臓を引き抜く（a）。流水で洗い、キッチンペーパーで水けをふき、バットに並べる（b）。
2. 1にAを加えてよくもみ込む（c）。ごま油をまわしかけ、魚焼きグリルの中火で両面に焼き色がつくまで8〜10分焼き、器に盛る。
3. 紫玉ねぎは縦に薄切りにし、水に3分さらして水けをきる。バジル、ミントとともに2に添え、レモンを搾る。

ベトナムは、香草好きにはたまらない香草天国。特にバジル、ミント、香菜は、いろいろな料理と相性良好。

a

b

c

Memo

ベトナムの食堂などで定番の魚のおかず。たいていの場合、太い生のきゅうりやハーブと一緒に出てきます。ベトナムでは川魚が使われることも多く、泥臭さを消すために、ニョクマムに漬けて焼くこの料理が生まれたのかもしれません。川魚は大きいので、いわしよりも「ごちそう感」があります。

揚げさばの甘酢あんかけ

材料(2人分)

塩さば(半身) 2枚

A
- しょうゆ・紹興酒(または酒) 各大さじ1
- おろししょうが 1かけ分

にんじん 1/2本
玉ねぎ 1/2個

B
- 塩 ひとつまみ
- 酢 大さじ1
- みりん 大さじ2
- しょうゆ 大さじ2
- 水 3/4カップ

水溶き片栗粉
- 片栗粉 小さじ2
- 水 大さじ1

片栗粉・揚げ油 各適量
細ねぎ(1cm幅の斜め切り) 2本分

作り方

1. さばはそれぞれ4等分に切り、合わせたAをよくもみ込む。
2. にんじんはせん切りにし、玉ねぎは縦に薄切りにする。
3. 鍋にBと2を入れて中火にかけ、煮立ったら弱火で約6分煮る。水溶き片栗粉を加えて混ぜ、とろみをつける。
4. 1に片栗粉を薄くまぶし、170℃に熱した油に入れ、きつね色になるまで揚げる。器に盛り、3をかけ、細ねぎを散らす。

Memo 鶏肉や魚のから揚げに、甘酸っぱいあんをかける中国料理を、ご飯によく合うさばを使って再現した一品です。

カリッと揚がったさばが野菜のあんになじんで、冷めてもおいしいおかずです。

あさりのスンドゥブ

あさりやキムチのうまみがたっぷり詰まった汁を、ご飯にかけて食べるのがオツ。

材料（3〜4人分）

- あさり（砂抜き済み）　200g
- 絹ごし豆腐　1/2丁
- 牛薄切り肉　150g
- 玉ねぎ　1/2個
- にんにく（たたいてつぶす）　1片
- A ┌ 酒　大さじ2
　 └ 水　2カップ
- 白菜キムチ　50g
- B　コチュジャン・しょうゆ　各小さじ2
- 卵　2個
- 細ねぎ（小口切り）　4本分
- 白すりごま　適量
- ごま油　大さじ1

作り方

1. あさりは殻をこすり合わせてよく洗う。玉ねぎは縦に薄切りにする。
2. 鍋ににんにくとごま油を弱めの中火で熱し、香りが立ったら牛肉を炒める。肉の色が変わったら玉ねぎを加えて炒める。玉ねぎがしんなりしたらAを加え、アクをとりながらひと煮立ちさせ、弱火で約5分煮る。
3. あさり、キムチ、Bを加え、アクをとりながら中火で煮る。あさりの口が開いたら豆腐をスプーンですくって加える。
4. 卵を割り入れ、半熟になるまで約3分火を通し、細ねぎと白ごまを散らす。

Memo 🇰🇷　スンドゥブは「純豆腐」と書くそうで、韓国の豆腐のこと。この豆腐とあさりが入った辛いお鍋は、韓国の定番家庭料理です。

豆あじのエスニック南蛮漬け

あじの南蛮漬けをニョクマムとベトナムなますでエスニックに。しっかり味でご飯にぴったり。

材料（2人分）
豆あじ　10尾
薄力粉　大さじ2
ベトナムなます（→P12）　全量
揚げ油　適量
ごま油　大さじ2
青唐辛子（あれば）　1本
A ┌ にんにく（みじん切り）　1片分
　│ 砂糖　小さじ2
　│ ニョクマム　大さじ3
　│ 酢　1/4カップ
　└ 水　1/2カップ

作り方

1. ボウルにAを合わせ、ベトナムなますを加えてあえる。
2. 豆あじは頭と内臓を除き、流水で洗う。キッチンペーパーで水けをふき、薄力粉をまぶす。
3. 170℃に熱した油にごま油を加え、2を入れ、きつね色になるまで揚げる。熱いうちに1に漬ける。器に盛り、あれば縦半分に切った唐辛子をのせる。

えびと細ねぎのチリ炒め

魚介類をチリソースで炒めるベトナム料理をアレンジ。紫玉ねぎを加えて、色合いも美しいひと皿です。

材料（2人分）
えび　12尾
片栗粉　大さじ2
細ねぎ　4本
紫玉ねぎ　1/4個
しょうが（せん切り）　1かけ分
A ┌ 酒　大さじ1
　└ 酢　小さじ1
チリソース　大さじ1
塩　小さじ1/3
ごま油　大さじ1

作り方

1. えびは殻をむいて背ワタをとる。片栗粉をふってもみ、流水で洗い流し、キッチンペーパーで水けをふく。
2. 細ねぎは2cm長さに切り、紫玉ねぎは縦に薄切りにする。
3. フライパンにごま油としょうがを中火で熱し、香りが立ったら1とAを加えて炒め、軽く火が通ったら、紫玉ねぎを加えてさっと炒める。
4. 細ねぎとチリソースを加えて味をからめ、塩で味をととのえる。

いかとセロリのナンプラー炒め

いかとセロリをチリオイルで炒めて、ナンプラーで風味づけしたら、あっという間にアジアン！

材料(2人分)
やりいか　2はい
セロリ　1本
セロリの葉　8枚
にんにく（みじん切り）　1片分
A ┌ 酒　大さじ1
　 └ ナンプラー　大さじ1/2
チリオイル（→P58）　小さじ2

作り方
1. いかは内臓と軟骨を除き、皮をむいて1cm幅の筒切りにする。
2. セロリは筋をとって斜め薄切りにし、葉はせん切りにする。
3. フライパンにチリオイルとにんにくを弱めの中火で熱し、香りが立ったら1と2を加えてさっと炒め、Aを加え、汁けがなくなるまで炒める。

白身魚の香味オイルがけ

刺身にたれをかけて食べる韓国の「フェ」をイメージしました。淡泊な白身魚がご飯によく合う味に。

材料(2人分)
鯛などの白身魚（刺身用）　150g
A ┌ にんにく（みじん切り）　1/2片分
　 │ しょうが（みじん切り）　1/2かけ分
　 │ 砂糖　小さじ2
　 │ ナンプラー・レモン汁・水　各大さじ1
　 └ ごま油　小さじ1と1/2
香菜　6本
レモン（輪切り）　2枚
カシューナッツ（粗く刻む）　8粒分

作り方
1. 白身魚は薄切りにし、器に並べる。
2. ボウルにAを合わせてよく混ぜる。
3. 香菜はみじん切りにして2に加え、混ぜ合わせる。
4. 1にレモンをのせ、3をかけ、カシューナッツを散らす。

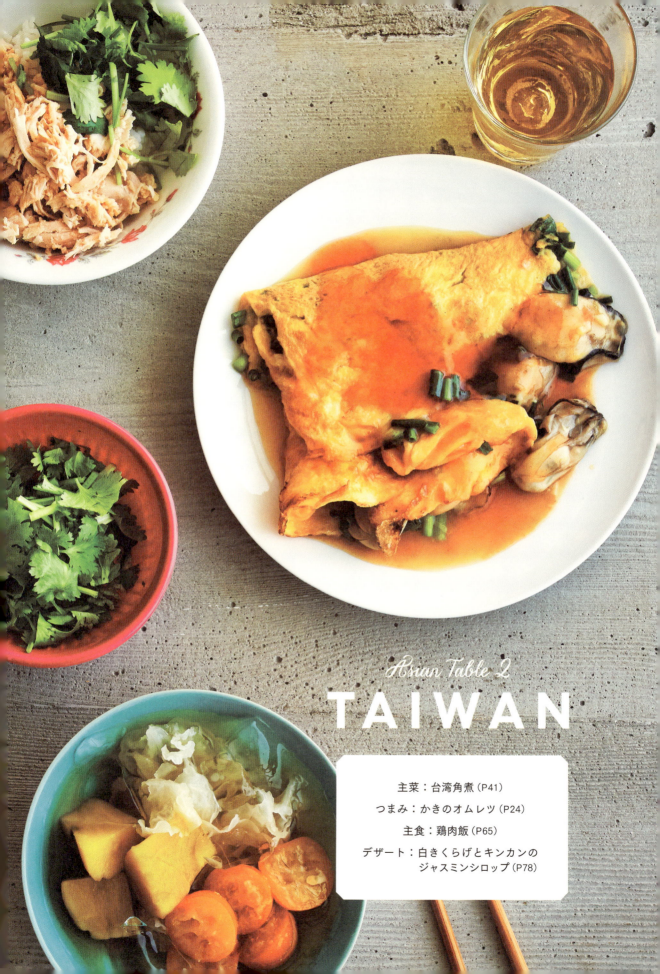

Asian Table 2
TAIWAN

主菜：台湾角煮（P41）
つまみ：かきのオムレツ（P24）
主食：鶏肉飯（P65）
デザート：白きくらげとキンカンの
　　　　　ジャスミンシロップ（P78）

アジアのごはん ★ エッセイ

奥深い食文化のある台湾。
行くたびに発見があります。

台湾はここ数年、毎年春に訪れるのが恒例になっています。仕事仲間と一緒なので、当然のことながら旅の一番の目的は「食」。台湾料理は基本的に日本人好みの味で、とにかくおいしいものがたくさんあるので、旅行に行く前から「あれ食べたい、これも食べたい」と思いがふくらみ、しっかり情報収集してから出かけます。台湾はそれほど大きくない島ですが、北と南では味つけが異なり、奥深い食文化のある国です。また、家で料理を作る習慣があまりないそうで、そのため外食文化が発達しているせいか、安価でおいしいお店があちらこちらにあります。何度行っても、そのたびに新しいお店を発見できるのも台湾旅行の魅力です。
食材を買うのも楽しみのひとつです。朝市や市場で地元の人に交じり、食材の使い方を聞いたりしながら買い物するのも楽しいですね。オーガニックな食材も種類が豊富だし、日本では高価なカラスミ、白きくらげ、干しえび、麺類なども買いやすい価格なので、荷物はどんどん増えて帰りのトランクはいつもパンパン！　台湾料理は、ほかのアジア料理に比べて日本の味に近いため、まねして作りやすいと思います。なので、買い込んできた食材でお店の味を

← このキッチェさがかわいい！

1人分のビーフンは
お土産用に
まとめ買い

TAIWAN

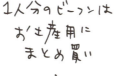

再現したり、ちょっとアレンジしたりしながら「旅の復習」をするのも醍醐味。日本に帰ってきてからも旅の続きを楽しんでいます。

また、豆やフルーツをたくさん使った台湾のデザートも魅力。私は緑豆やゆでピーナッツ、白きくらげなどの入った台湾のお汁粉が大好きなのですが、台湾の人は老若男女問わず、おやつに豆やタロイモなどのお汁粉を食べています。小さい頃から、あんなにおいしいものを食べられる習慣があっていいな〜と、心からうらやましく思ってしまいます。

台湾旅行には、食べ歩き以外にも雑貨探しの楽しみがあります。チープシックなかわいい食器から中国の骨董品までいろいろなものがあるので、腹ごなしもかねて物色しながら街を歩きます。金物屋さんで見つけた使いやすそうなアルミのレンゲや、どこかなつかしい花柄のリムのお皿など、ついお買い上げしてしまい、さらにトランクがパンパンに…。

台湾の人たちは親日家なので、みなさんとても親切。道に迷っていると必ず声をかけてくれます。子どもにもやさしい人が多いので、息子がもう少し大きくなったら一緒に行ってみたいなと思っています。

旅先の街歩きにも
便利なバッグ

COLUMN2

アジアのたれとペースト

本書のレシピに登場するたれやペーストです。
つけだれ、サラダ、あえ物、炒め物などに応用すれば
家庭の食卓で手軽にアジアのごはんを楽しめます！

ヌクチャム

材料と作り方（作りやすい分量）

1. 赤唐辛子1/2本は種ごと粗く刻み、にんにく1片はみじん切りにする。
2. 1と砂糖大さじ1と1/2、酢・ニョクマム各1/4カップを合わせてよく混ぜ、砂糖が溶けたら水大さじ2を加えて混ぜる。

※冷蔵庫で約1か月保存可能。

ピーナッツソース

材料と作り方（作りやすい分量）

ピーナッツバター（無糖）・酢・ナンプラー各大さじ2、ごま油小さじ2、粗びき黒こしょう少々、水大さじ1を混ぜ合わせる。

※冷蔵庫で約2週間保存可能。

スイートチリソース

材料と作り方（作りやすい分量）

1. 赤唐辛子1本は種ごとみじん切りにする。
2. 1とおろししょうが1/2かけ分、おろしにんにく1/2片分、はちみつ大さじ2、酢・ナンプラー各1/4カップ、水大さじ2を合わせてよく混ぜる。

※冷蔵庫で約1か月保存可能。

ラー油

材料と作り方（作りやすい分量）

1. 赤唐辛子1/2本は種をとって粗く刻み、にんにく1片は粗く刻む。
2. 小鍋に1とごま油1/2カップ、八角1個、花椒8粒を入れ、弱火で約8分煮てそのまま冷ます。

※常温で約1か月保存可能。

チリオイル

材料と作り方（作りやすい分量）

小鍋にオリーブオイル1/2カップ、種をとって半分にした赤唐辛子1本、塩ひとつまみを入れ、弱火で約8分煮てそのまま冷ます。

※常温で約1か月保存可能。

グリーンカレーペースト

材料と作り方（作りやすい分量）

フードプロセッサーに、青唐辛子・レモングラス各2本、にんにく2片、皮つきのしょうが1かけ、バイマックルー1枚、香菜10本、ナンプラー・オリーブオイル各大さじ3、酒大さじ2を入れ、なめらかになるまで撹拌する。

※冷凍庫で約1か月保存可能。

Part 3
ご飯と麺
RICE & NOODLE

アジアの食卓に、お米と麺は欠かせません。
唐辛子でピリ辛に仕上げるインドネシアのナシゴレン、
甘辛の豚肉をご飯にのっける台湾の魯肉飯、
米粉で作る麺の食感がクセになるベトナムのフォー…。
どれも、その国の文化や歴史を感じる魅惑のひと皿です。

SINGAPORE

海南チキンライス

ジューシーな鶏肉はもちろん、鶏のだしが詰まったご飯も美味！
この最強のコンビを、甘酸っぱいたれがまとめてくれます。

makan
食べます

材料（2人分）

鶏もも肉　300g

A ┌ にんにく（薄切り）　1片分
　└ しょうが（薄切り）　1かけ分

B ┌ 紹興酒（または酒）　大さじ2
　└ ナンプラー・ごま油　各大さじ1

ジャスミンライス　2合

香菜（ざく切り）　6本分

ピーナッツ（粗く刻む）　10粒分

作り方

1. 鶏肉は常温にもどしてAをのせ、合わせたBを軽くもみ込む。

2. 鍋に1と水1/2カップを入れて中火にかけ、煮立ったら（a）ふたをし、弱火で約8分蒸し煮にする。粗熱がとれるまでそのまま冷ます。

3. 2を鶏肉と煮汁に分け、煮汁に水適量を加え、2カップにする。

4. ジャスミンライスは洗って水けをきり、鍋に入れて3の煮汁を注ぐ（b）。ふたをして強火にかけ、煮立ったら弱火で15分炊き、火を止める。3の鶏肉を加え、ふたをして15分蒸らす。

5. 器に4のジャスミンライスをよそい、食べやすい大きさに切った鶏肉と香菜をのせ、ピーナッツを散らし、たれを添える。

海南チキンライスのたれ

材料と作り方（2人分）

しょうがのせん切り1かけ分、砂糖小さじ2、ナンプラー・レモン汁各大さじ2、水大さじ1を合わせる。半分に切ったレモンの輪切りを加えても。

a

b

Memo　シンガポールのほかマレーシア、タイなどでも広く親しまれているアジア料理。タイでは「カオマンガイ」として知られています。3種のたれ（しょうがだれ、スイートチリソース、しょうゆだれ）でいただくのが定番ですが、ここではナンプラーベースの甘酸っぱいたれでアレンジしました。

INDONESIA

ナシゴレン

とても手軽に作れるのに、素材と調味料がうまくなじんで豊かな味。
えびせんべいの食感で、飽きのこないひと皿になります。

tambah
おかわり

材料（2人分）

鶏もも肉　150g
紫玉ねぎ　1/2個
ピーマン　1個
干しえび　15g
にんにく（みじん切り）　1片分
A ┌ 赤唐辛子（種をとってみじん切り）　1/3本分
　│ トマトペースト　小さじ2
　│ 砂糖　小さじ1
　│ ナンプラー・酒　各大さじ1
　└ 干しえびのもどし汁　大さじ2
ご飯　茶碗2杯分
粗びき黒こしょう　少々
ごま油　大さじ1
えびせんべい（→P10）　8枚
揚げ油　適量
レモン（くし形切り）　1/4個分

作り方

1. 鶏肉は皮を除き、1cm角に切る。紫玉ねぎとピーマンはみじん切りにする。干しえびはぬるま湯大さじ2に5分つけてもどし、水けをきってみじん切りにする。もどし汁はAに加える。
2. フライパンにごま油とにんにくを弱めの中火で熱し、香りが立ったら1を加えて炒める（a）。全体がしんなりしたら合わせたAを加え、汁けがなくなるまで炒める。
3. ご飯をほぐして加え、手早く炒め合わせ、黒こしょうで味をととのえる。
4. 180℃に熱した油にえびせんべいを入れ、ふんわりしたら、返しながら軽く色づくまで揚げる（b）。
5. 器に3を盛り、半分に切ったレモンと4を添え、混ぜ合わせて食べる（c）。

a

b

c

Memo　インドネシアの炒めご飯。本場では「サンバル」や「トラシ」という調味料で味や風味をつけますが、サンバルのかわりに赤唐辛子とトマトペーストを、トラシのかわりに干しえびを使いました。つけ合わせには、えびせんべいのほか目玉焼きやきゅうり、トマトが添えられることがよくあります。

魯肉飯
(ルーローハン)

しっかり煮込んだ豚バラは、五香粉(ウーシャンフェン)の香る煮汁が中までしみて絶品。
このおいしさは、一度食べると必ずクセになります！

材料（2人分）

豚バラ薄切り肉　250g
玉ねぎ　1/2個
A ┌ 五香粉　小さじ1
　├ 紹興酒（または酒）　大さじ2
　└ 豆豉（粗く刻む）　8粒分
しょうゆ　大さじ2
半熟ゆで卵　2個
ごま油　小さじ1
ご飯　茶碗2杯分
香菜（ざく切り）　5本分
<きゅうりの漬け物>
きゅうり　1本
塩　小さじ1/4
B ┌ にんにく（みじん切り）　1/2片分
　└ 黒酢　小さじ2

作り方

1. 豚肉は1cm角に切り、玉ねぎはみじん切りにする。
2. 鍋にごま油を中火で熱し、1を炒める。軽く火が通ったらAを加え、ひと煮立ちさせる。水1/2カップを加え、アクをとりながら再びひと煮立ちさせる。
3. ふたをして弱火で約12分煮たらしょうゆを加え、約5分煮る。火を止め、ゆで卵を加え、味をなじませる。
4. 漬け物のきゅうりは塩をすり込み、3cm長さの拍子木切りにする。熱湯で約30秒ゆで、水けをきり、Bを加えてあえる。
5. 器にご飯をよそい、3の豚肉と半分に切ったゆで卵、香菜と4をのせる。

Memo
煮込んだ豚肉をご飯にかける台湾の定番料理。作り方はお店によって本当にさまざまで、味を比べながら食べ歩くのも楽しいです。今回は、台湾に行くと必ず立ち寄る大好きなお店の味を再現しました。つけ合わせのきゅうりの漬け物も台湾の定番。いろいろな料理に合うのでぜひお試しください。

鶏肉飯
ジーローハン

砂糖をすり込んで蒸した鶏胸肉は、淡泊だけどしっとり。
鶏の蒸し汁にごま油を加えたたれは、シンプルだけど奥深い味。

材料（2人分）

鶏胸肉　200g
砂糖　小さじ1
A ┌ 塩　小さじ1/2
　└ 紹興酒（または酒）　大さじ1
ごま油　大さじ1
ご飯　茶碗2杯分
香菜（ざく切り）　5本分

作り方

1. 鶏肉は厚い部分に包丁を入れて開き、厚さを均一にし、砂糖をすり込む。

2. 1を耐熱皿に入れてAをふり、蒸気の上がった蒸し器に皿ごと入れ、強火で約10分蒸す。皮を除き、熱いうちにフォークなどで細かく裂く。蒸し汁はとっておく。

3. 小鍋に2の蒸し汁とごま油を入れ、弱火にかけてひと煮立ちさせる。

4. 器にご飯をよそい、2の鶏肉をのせ、3をかけて香菜をのせる。

Memo　蒸した鶏肉をご飯にのせて、たれをかけて食べるこの料理は、魯肉飯と並んで庶民に愛されている台湾の味。今回は砂糖をまぶした鶏の蒸し汁とごま油を合わせたたれでいただきます。魯肉飯も鶏肉飯も小さな器に盛られることが多く、外食が盛んな台湾で気軽に食べられる軽食です。

台湾ちまき

干ししいたけと干しえび、干し貝柱のうまみを吸ったもち米は
感動するおいしさです。ちょっと手間はかかりますが、ぜひお試しを!

材料(8〜10個分)

もち米・うるち米　各1合
干ししいたけ　2枚
干しえび　30g　干し貝柱　20g
しょうが(みじん切り)　1かけ分
長ねぎ(みじん切り)　1/2本分
紹興酒(または酒)　大さじ2
A ┌ 松の実　20g
  │ 五香粉　小さじ1
  └ しょうゆ　大さじ2
うずら卵(水煮)　8〜10個
ごま油　大さじ1
竹の皮　8〜10枚

※竹の皮はたっぷりの水に20分つけてもどし、水けをふいておく。

作り方

1. 干ししいたけは水1/2カップにひと晩つけてもどし、軸を落として粗みじん切りにする。干しえびと干し貝柱はぬるま湯各1/4カップに、えびは10分、貝柱は30分つけてもどす。えびは粗く刻み、貝柱はほぐす。もどし汁はすべてとっておく。

2. もち米はさっと洗い、ひたひたの水に1時間つける。うるち米は洗う。

3. フライパンにごま油としょうがを中火で熱し、香りが立ったら長ねぎ、1ともどし汁、紹興酒を加え、炒め煮する。

4. Aを加え、アクをとりながらひと煮立ちさせ、水けをきった2を加える。米が汁けを完全に吸うまで煮たら8〜10等分する。

5. さっとぬらした竹の皮を三角錐状にし、4を7分目くらいまで詰め、うずら卵を入れる。竹の皮の両端を折り曲げて包み、ひもで結ぶ。蒸気の上がった蒸し器に入れ、強火で約30分蒸す。

Memo　日本で「ちまき」といえば笹の葉に餅をくるんだものですが、台湾ちまきは、もち米に具を混ぜて蒸した料理。屋台や市場などでは、蒸したてのちまきが売られています。ここでご紹介したもの以外に、焼き豚やピーナッツが入っているものや、干しえびだけの素朴なものなどいろいろあります。

台湾ビーフン

コシコシ食感のビーフンと、野菜のシャキシャキ感が楽しい一品。
食べるときに香菜を混ぜて。黒酢をかけてもおいしいです。

材料（2人分）

ビーフン（乾麺）　150g
キャベツ　5枚
にんじん　1/2本
黄パプリカ　1/2個
しょうが（せん切り）　1かけ分
A［紹興酒（または酒）　大さじ2
　　水　1/2カップ］
しょうゆ　大さじ1
塩　小さじ1/3
ごま油　大さじ2
香菜（ざく切り）　2本分

作り方

1. ビーフンは水でさっとぬらして水けをきる。
2. キャベツとにんじんはせん切りにし、黄パプリカは細切りにする。
3. フライパンにごま油大さじ1としょうがを中火で熱し、香りが立ったら2を加えて炒め、しんなりしたらAを加え、アクをとりながらひと煮立ちさせる。
4. しょうゆを加えてさっと混ぜ、1を加えて炒め煮する。塩で味をととのえ、残りのごま油をまわしかける。器に盛り、香菜を添える。

Memo　日本でもおなじみのビーフンは私も大好きで、前回の台湾旅行では工場見学にも行ったほど！　汁ビーフンもポピュラーですが、ここでは野菜たっぷりの焼きビーフンをご紹介。お店によって具も味つけもさまざまで、蒸したビーフンに甘酸っぱいたれをからめるだけ、というシンプルなものもおいしかったです。

バインミー

ヌクチャムとマヨネーズであえたささみは
ベトナムなますと好相性です。

材料（2人分）

鶏ささみ　4本
酒　大さじ1
バゲット　約20cm
A ┌ ヌクチャム（→P58）　大さじ2
　├ マヨネーズ　小さじ2
　└ ごま油　小さじ1
ベトナムなます（→P12）　2/3カップ
サニーレタス　2枚
香菜　5本
ごま油・粗びき黒こしょう　各適量

作り方

1. 鶏ささみは筋をとり、酒を加えた熱湯で約2分ゆで、そのまま冷ます。粗熱がとれたら細かく裂き、Aを加えてあえる。
2. バゲットは半分に切り、それぞれ横に深めに切り目を入れる。切り口にごま油を塗ってオーブントースターで軽く焼く。
3. 2に食べやすく切ったサニーレタス、1、ベトナムなます、長さを半分にした香菜の順にはさみ、黒こしょうをふる。

Memo フランス領だったベトナムのサンドイッチ。バゲットは、外がパリッとして中はふんわりやわらかいのがベトナム流です。

牛肉のフォー

ほどよく火が通った牛肉のおいしさと
フォーの食感を楽しめるやさしい味わい。

材料（2人分）
- 牛もも肉（しゃぶしゃぶ用） 4〜6枚
- 紫玉ねぎ 1/3個
- A
  - かつお昆布だし汁 3カップ
  - しょうが（薄切り） 1かけ分
  - 酒 大さじ2
- ニョクマム・レモン汁 各大さじ2
- フォー（乾麺） 160g
- ミント・バジル・粗びき黒こしょう 各適量

作り方
1. 紫玉ねぎは縦に薄切りにし、水に3分さらして水けをきる。
2. 鍋にAを入れて中火にかけ、煮立ったら弱火にし、ニョクマムを加えて火を止める。
3. 別の鍋でフォーを袋の表示通りにゆで、水けをきって器に盛る。
4. 2を再び中火にかけ、煮立ったら牛肉を広げて加え、さっと火を通したら3にのせて汁を注ぐ。
5. ミント、バジル、1をのせ、レモン汁をかけ、黒こしょうをふる。

Memo ベトナムを代表する麺料理です。本来は牛肉だしですが、ここでは和風だしで、作りやすくすっきりとした味に。

しょうゆとナンプラーのダブル使いで
しっかり味。レモンを搾ってさわやかに。

パッタイ

材料（2人分）

えび　8尾
片栗粉　大さじ2
紫玉ねぎ　1/2個
にら　5本
もやし　1/2袋
寒干したくあん　50g
干しえび　15g
A ┌ 砂糖　小さじ2
　│ しょうゆ・ナンプラー　各小さじ1
　└ 香菜の根（みじん切り）　5本分
香菜　5本
にんにく（みじん切り）　1片分
センレック　120g
溶き卵　2個分
オリーブオイル　大さじ1
白いりごま　適量
レモン（くし形切り）　1/4個分

作り方

1. えびは殻をむいて背ワタをとる。片栗粉をふってもみ、流水で洗い流し、キッチンペーパーで水けをふき、1cm角に切る。
2. 紫玉ねぎは縦に薄切りにし、にらは3cm長さに切り、もやしはひげ根をとる。
3. 寒干したくあんは粗く刻む。干しえびはぬるま湯大さじ3に10分つけてもどし、水けをきって粗く刻む。もどし汁はとっておく。
4. ボウルにAを合わせる。香菜はざく切りにする。
5. フライパンにオリーブオイルとにんにくを中火で熱し、香りが立ったら3ともどし汁、水1/2カップ、センレックを加え、麺がやわらかくなるまで炒め煮する。
6. 1と2を加えて炒め、野菜がしんなりしたら溶き卵を流し入れて混ぜ合わせる。Aを加えて炒め、香菜を加えてさっと炒め合わせる。器に盛り、白ごまをふって半分に切ったレモンを搾る。

Memo　米粉の麺「センレック」で作る焼きそば。独特の味を出すタイ風たくあんのかわりに、寒干したくあんを使いました。普通のたくあんでも。

トムヤムヌードル

有頭えびのだしに、さわやかなハーブの風味が加わったスープが麺とよくなじみます。

材料(2人分)

- 有頭えび　2尾
- マッシュルーム　6個
- 玉ねぎ　1個
- A
  - レモングラス　4本
  - バイマックルー　3枚
  - にんにく(たたいてつぶす)　1片
  - 赤唐辛子(種をとる)　1本
  - 酒　1/4カップ
  - 水　2カップ
- B
  - レモン(輪切り)　2枚
  - レモン汁　大さじ2
  - チリオイル(→P58)　小さじ2
- 中華麺　2玉
- 香菜(ざく切り)　6本分

作り方

1. マッシュルームは半分に切り、玉ねぎは縦に1cm幅に切る。
2. 鍋に1とAを入れて中火にかける。アクをとりながらひと煮立ちさせ、ふたをして弱火で約7分煮る。
3. 中火にしてえびを加え、アクをとる。Bを加えて再びひと煮立ちさせる。
4. 中華麺は袋の表示通りにゆで、器に盛り、3をかけて香菜を添える。

Memo　タイでも日本でも人気のトムヤムクンに麺を加えた料理。本場ではふくろたけを使いますが、マッシュルームで代用しました。

たけのこと高菜の黒酢がけご飯

高菜漬けの塩けと、黒酢のまろやかな酸味がなじんで
白いご飯にぴったり。また食べたくなるひと皿です。

材料(2人分)
たけのこ(水煮)　200g
高菜漬け　40g
長ねぎ　1/2本
しょうが(みじん切り)　1かけ分
A ┌ 黒酢　大さじ1
　├ 紹興酒(または酒)　大さじ2
　└ しょうゆ　小さじ1
ご飯　茶碗2杯分
ごま油・白いりごま　各小さじ2

作り方
1. たけのこは細切りにし、高菜漬けは食べやすい長さに切る。長ねぎはみじん切りにする。
2. フライパンにごま油としょうがを中火で熱し、香りが立ったら1を加え、炒める。全体に油がなじんだらAを加え、汁けがなくなるまで炒める。
3. 器にご飯をよそい、2をのせ、白ごまをふる。

肉みそがけ汁なし麺

五香粉の香りが旅ごころを刺激する台湾の味。
ひき肉と野菜、麺をしっかり混ぜ合わせるのがポイント。

材料(2人分)
豚ひき肉　150g
細ねぎ　4本
もやし　1/4袋
A ┌ にんにく(みじん切り)　1片分
　└ しょうが(みじん切り)　1かけ分
B ┌ 五香粉　小さじ1/3
　└ 黒酢・紹興酒(または酒)・しょうゆ
　　各大さじ1
中華麺(細麺)　2玉
ラー油(→P58)・黒酢・
しょうゆ・ごま油
各適量

作り方
1. 細ねぎは2cm長さに切り、もやしはひげ根をとる。
2. フライパンにごま油小さじ1とAを弱めの中火で熱し、香りが立ったらひき肉を加え、中火で炒める。
3. ひき肉にしっかりと火が通ったらBを加え、汁けがなくなるまで炒める。
4. 中華麺は袋の表示通りにゆで、器に盛る。1と3をのせ、ラー油、黒酢、しょうゆ、ごま油を好みでかける。

あさりとバジルのスープご飯

あさりのだしが、レモンとバジルでさわやかに。
お茶漬けのようにサラサラッと食べられます。

材料(2人分)

あさり(砂抜き済み) 200g
バジル(ちぎる) 10枚分
玉ねぎ 1/2個
A［ しょうが(せん切り) 1かけ分
　　酒 大さじ2
　　水 1と1/2カップ ］
B［ ニョクマム・レモン汁 各大さじ1
　　粗びき黒こしょう 少々 ］
ごま油 小さじ2
ご飯 茶碗2杯分
レモン(くし形切り) 1/4個分
粗びき黒こしょう 適量

作り方

1. あさりは殻をこすり合わせてよく洗う。玉ねぎは縦に薄切りにする。
2. 鍋に玉ねぎとAを入れて中火にかける。煮立ったらあさりを加え、アクをとりながら口が開くまで約3分煮る。Bを加えてさっと混ぜ、ごま油をまわしかける。
3. 器にご飯をよそい、2をかけ、バジルをのせる。半分に切ったレモンを搾り、黒こしょうをふる。

ラクサ

えびと鶏肉のうまみに酸味と甘みが加わって、コクのあるマレーシアの奥深い味。そうめんや細めのうどんでも。

材料(2人分)

鶏もも肉 150g　えび 4尾
玉ねぎ(薄切り) 1/2個分
にんにく(たたいてつぶす) 1片
酒 大さじ2
A［ レモングラス 3本
　　トマトジュース 1カップ
　　水 1/2カップ ］
ココナッツミルク 1カップ
ナンプラー 大さじ2
フォー(乾麺) 160g
オリーブオイル 小さじ2
香菜(粗く刻む) 2本分

作り方

1. 鶏肉は皮を除き、ひと口大に切る。
2. えびは殻に切り目を入れ、背ワタをとる。
3. 鍋にオリーブオイルとにんにくを弱めの中火で熱し、香りが立ったら1と玉ねぎを加えて炒める。肉の色が変わったら酒を加え、ひと煮立ちしたらAを加え、アクをとりながら再びひと煮立ちさせる。
4. ふたをして弱火で約8分煮たらココナッツミルクと2を加え、約5分煮る。ナンプラーで味をととのえる。
5. フォーは袋の表示通りにゆで、器に盛る。4をかけ、香菜を散らす。

Asian Table 3
KOREA

主菜：あさりのスンドゥブ（P51）
つまみ：ポッサム（P32）
サラダ：野菜のナムル（P32）
主食：チヂミ（P23）

アジアのごはん★エッセイ

韓国のわかめスープが
我が家の定番になりました。

韓国は20代の頃に2度ほど訪れました。最近はあまり機会がなくてちょっとごぶさたですが、2泊3日でも十分楽しめる一番近い海外なので、久しぶりにおいしいものを食べに行ってみたいと思っています。韓国には焼き肉をはじめチゲやチヂミなど、日本人にも身近で誰もが知っている料理がたくさんあります。私も日本の韓国料理屋さんでいろいろ食べたことがあったので、実は初めて韓国を訪れたときも、食事に関してはさほど大きな驚きはありませんでした。ただ、本場のお店では、焼き肉をたっぷりの野菜やナムルと一緒に食べるということを知り、「焼き肉にはご飯」という、それまでの私のイメージは一変！「焼き肉もこんなふうに食べると、おいしくてしかもヘルシーなんだ」ということを教えてもらった旅でした。

それ以外の料理も、野菜や海草をとにかくたくさん食べられるように工夫されていることが印象的でした。特に記憶に残っているのが、わかめスープのおいしさ！　とろとろに煮込んだわかめがたっぷりと入っていて、「ひと皿でこんなにたくさんのわかめが食べられるの〜」と目からうろこでした。

韓国では出産後の回復食でもあるそうです。それ

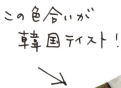

この色合いが
韓国テイスト！
→

スッカラの
フォルムが
素敵です

KOREA

から我が家のわかめスープは、以前の倍の量のわかめを使って、とろとろになるまで煮込むスタイルが定番です。

一番好きな韓国料理は参鶏湯(サムゲタン)。丸鶏と、高麗人参などの漢方、もち米などを一緒に煮込んだ料理です。韓国旅行で本場の参鶏湯を食べるのを楽しみにしていましたが、漢方の香りが強すぎて、正直なところ、あまりおいしいとは思えなかったのです(そのお店の参鶏湯が、たまたまそうだったのかもしれませんが)。けれど、食べ終わると体はぽかぽか、お肌はつるつるになり「なんと素敵なスープ!」と感動したのを覚えています。それ以来、少し食べやすいように味を調整して家でも作っています。家族の誰かが風邪をひきそうなときや、体力が落ちて元気がないときなどに登場する、我が家の人気メニューです。

こんなふうに、旅先で本場の味を食べてみると、自分の料理としてアレンジするときのさじ加減がわかります。各メディアで皆さんにいろいろな料理レシピをご紹介している私にとって、現地に出かけて食べ歩くことは大切な仕事のひとつだなと、改めて思います。

チゲの取り皿にも
なるらしい
マッコリカップ

Asian Table
3つのレシピ

ベトナム、台湾、インドの「アジアの食卓」に登場したデザートとドリンクのレシピです。それぞれのお国柄を感じる味をお楽しみください。

> ベトナム

パイナップルのチェー（→P7）

材料と作り方(4人分)

1. パイナップル1/4個は食べやすい大きさに切る。
2. タピオカ30gは鍋に入れ、かぶるくらいの水を加えて中火にかける。途中で水を差しながら、透き通るまで約30分ゆでて冷水にとり、水けをきる。
3. ココナッツミルク1カップ、牛乳1/2カップ、はちみつ大さじ3はよく混ぜ合わせる。
4. ピーナッツ16粒はたっぷりの湯に入れ、弱めの中火で20～30分ゆでる。
5. 器に1～3を順に入れ、4、乾燥ナツメ・ドライマンゴー・砕いた氷各適量をのせる。

> 台湾

白きくらげとキンカンのジャスミンシロップ（→P54）

材料と作り方(4人分)

1. 白きくらげ8個はたっぷりの水に1時間つけてもどし、よく洗う。小鍋に入れ、水1と1/4カップ、砂糖大さじ2と1/2を加えて中火にかけ、煮立ったら弱火で約5分煮る。そのまま冷まし、粗熱がとれたら冷蔵庫で冷やす。
2. 別の小鍋に半分に切って種をとったキンカン8個、砂糖大さじ3、水1カップを入れて中火にかける。煮立ったら弱火で汁けが少なくなるまで約10分煮て、そのまま冷ます。
3. さつまいも1/2本は2cm角に切って鍋に入れ、かぶるくらいの水と塩ひとつまみを加えて中火にかけ、煮立ったら弱火で約6分ゆで、そのまま冷ます。
4. 濃いめのジャスミンティー1と1/2カップに砂糖大さじ1と1/2を加えて混ぜ、冷蔵庫で冷やす。
5. 器に1～3を入れ、4を注ぐ。

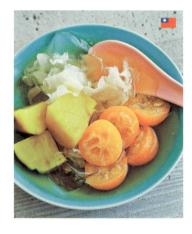

> インド

ラッシー（→P92）

材料と作り方(4人分)

牛乳・ヨーグルト各1と1/4カップ、はちみつ大さじ4をミキサーに入れて撹拌し、氷適量を入れたグラスに注ぐ。

Part 4
カレー
CURRY

複数のスパイスで深みを出すインドのカレーから、
野菜たっぷりでマイルドに仕上げるベトナムのカレー、
刺激的な辛さのあるタイのカレーなど
アジアのカレーはそれぞれの国の味があります。
あちこちに旅する気分で、各国のカレーをお楽しみください。

INDIA

バターチキンカレー

マイルドな辛さで、ほのかな酸味がきいたクリーミィな味わい。
サフランライスのシナモンがふわっと香って、深みを加えてくれます。

満腹

材料（2人分）

鶏手羽元　6本
薄力粉　大さじ2
玉ねぎ　1個
トマト　大2個
カレー粉　大さじ2
A ┌ 酒　1/4カップ
　└ 水　1と1/2カップ
B ┌ トマトピューレ　大さじ3
　│ おろしにんにく　1片分
　│ クミンパウダー・コリアンダーパウダー
　│　　各小さじ1/2
　└ 塩　小さじ1
バター　20g
C ┌ 生クリーム　80mℓ
　└ ヨーグルト　大さじ2
オリーブオイル　大さじ1
カシューナッツ（粗く刻む）　15粒分

作り方

1. 手羽元に薄力粉を薄くまぶす。
2. 玉ねぎは粗みじん切りにし、トマトはざく切りにする。
3. フライパンにオリーブオイルを中火で熱し、1を焼く（b）。焼き色がついたら玉ねぎを加え、炒める。玉ねぎが透き通ってきたらカレー粉を加え、全体になじませながら炒める。
4. トマトとAを加え、アクをとりながらひと煮立ちさせる。ふたをして弱火で約12分煮たらBを加え、かき混ぜながら約5分煮る。
5. バターを加えて煮溶かし、Cを加えて混ぜ（c）、沸騰直前に火を止める。器に盛り、カシューナッツを散らし、サフランライスを添える。

サフランライス

材料と作り方（作りやすい分量）

1. 水2カップにサフラン小さじ1/2を加え、30分〜1時間つける。
2. インディカ米2合はさっと洗い、水けをきって鍋に入れる。ざるで漉した1の水、シナモンスティック1本、ローリエ1枚、カルダモン5粒、塩ひとつまみを加える（a）。
3. ふたをして強火にかける。煮立ったら弱火で15分炊き、火を止め、15分蒸らす。

a

b
c

Memo　日本のインド料理店でも人気のカレーです。最近はレトルト商品もたくさん発売されていますね。インドで食べたバターチキンカレーも辛さはマイルドで、とてもミルキィでした。今回は仕上げにカシューナッツを散らしましたが、ペーストにして加えているお店もあり、これもおいしかったです。

ひよこ豆のカレー

材料（2人分）

- ひよこ豆（ゆでたもの） 120g
- 玉ねぎ 1/2個
- トマト 大1個
- スナップえんどう 6本
- A
  - にんにく（みじん切り） 1片分
  - しょうが（みじん切り） 1かけ分
- B
  - 酒 大さじ2
  - 水 1カップ
- C
  - カイエンペッパー（またはチリパウダー）・コリアンダーパウダー 各小さじ1
  - クミンパウダー 小さじ2
  - 塩 小さじ1
- オリーブオイル 大さじ1
- 粗びき黒こしょう 適量
- インディカ米 2合
- シナモンスティック 1本
- ローリエ 1枚

作り方

1. インディカ米はさっと洗い、水けをきって鍋に入れる。シナモンスティック、ローリエ、米と同量の水、塩ひとつまみ（分量外）を加え、ふたをして強火にかける。煮立ったら弱火で15分炊き、火を止めて15分蒸らす。
2. 玉ねぎはみじん切りに、トマトはざく切りにする。スナップえんどうは筋をとり、1cm長さに切る。
3. 鍋にオリーブオイルとAを弱めの中火で熱し、香りが立ったら玉ねぎを加えて炒める。透き通ってきたらトマトとBを加え、アクをとりながらひと煮立ちさせる。
4. ひよこ豆を加え、ふたをして弱火で約10分煮る。Cを加え、再びひと煮立ちさせたら、スナップえんどうを加えて約5分煮、仕上げに黒こしょうをふる。
5. 器に1をよそい、4を盛る。

Memo ベジタリアンの多いインドには豆を使う料理が多くあり、ひよこ豆のカレーも人気。ここでは野菜もたっぷり加えました。

スパイシーさの中に、豆や野菜の自然なおいしさが際立ちます。

見た目よりも辛さのあるカレーです。
食べるとき、チーズをなじませるとマイルドに。

ほうれん草とチーズのカレー

材料（2人分）

鶏もも肉　200g
カッテージチーズ　100g
ほうれん草　1束
玉ねぎ　1個
トマト　大2個
A ┌ にんにく（みじん切り）　1片分
　└ しょうが（みじん切り）　1かけ分
酒　大さじ2
B ┌ ガラムマサラ・カルダモンパウダー
　│　　各小さじ1
　│ カイエンペッパー（またはチリパウダー）
　│　　小さじ1/3
　└ クミンパウダー・塩　各小さじ1
オリーブオイル　大さじ1
ナン（あれば）　適量

作り方

1. ほうれん草は熱湯で約2分ゆで、冷水にとって水けをきる。水1カップとともにミキサーに入れ、なめらかになるまで撹拌する。
2. 鶏肉はひと口大に切り、玉ねぎは縦に薄切りに、トマトはざく切りにする。
3. 鍋にオリーブオイルとAを弱めの中火で熱し、香りが立ったら鶏肉を加えて焼く。焼き色がついたら玉ねぎを加えて炒める。
4. 玉ねぎが透き通ってきたらトマトと酒を加え、アクをとりながらひと煮立ちさせる。
5. ふたをして弱火で約10分煮たら1とBを加え、かき混ぜながら約5分煮る。器に盛り、カッテージチーズをのせる。あればナンを添える。

Memo インドは地方によって食文化も多様。これは北インドで「パラク（ほうれん草）パニール（チーズ）」と呼ばれて親しまれている料理です。

タイのグリーンカレー

青唐辛子のフレッシュな辛さにココナッツミルクのコクが加わって
奥行きのある味わい。そうめんやフォーといただくのもおすすめです。

材料（2人分）

鶏もも肉　300g
薄力粉　大さじ1
たけのこ（水煮）　200g
ピーマン（赤・緑）　各1個
グリーンカレーペースト（→P58）　大さじ2

A
- レモングラス　1本
- ローリエ　1枚
- 酒　1/4カップ
- 水　1/2カップ

B
- ココナッツミルク　2カップ
- ナンプラー　大さじ2

粗びき黒こしょう　適量
オリーブオイル　大さじ1
ジャスミンライス（→P34）　茶碗2杯分

作り方

1. 鶏肉は皮を除き、3cm角に切り、薄力粉を薄くまぶす。
2. たけのことピーマンは細切りにする。
3. 鍋にオリーブオイルを中火で熱し、グリーンカレーペーストを炒め、香りが立ったら1を焼く。
4. 焼き色がついたら2を加えて炒め、野菜がしんなりしたらAを加え、アクをとりながらひと煮立ちさせ、ふたをして弱火で約8分煮る。
5. Bを加え、ひと煮立ちさせたら器に盛り、黒こしょうをふり、ジャスミンライスを添える。

Memo
日本でもおなじみのタイのカレーですが、タイ語で「ゲーン」と呼ばれるスープのことだそうです。特に人気のあるのが、さわやかな辛さが特徴のグリーンカレー。その味の決め手になるのが、青唐辛子を使ったカレーペーストです。市販品でもおいしいですが、ぜひP58を参照して手作りしてみてください。

えびのココナッツカレー

野菜のうまみとえびのだしが詰まったスープは、まろやかな味。
スパイスとココナッツミルクの香りが食欲をそそります。

材料（2人分）

えび　8尾
玉ねぎ　1/2個
黄パプリカ　1/2個
グリーンアスパラ　4本
A
- にんにく（みじん切り）　1片分
- しょうが（みじん切り）　1かけ分
- カレー粉　大さじ1と1/2
- コリアンダーパウダー　小さじ1と1/2

B
- 酒　1/4カップ
- 水　1/2カップ

C
- ココナッツミルク　2カップ
- ナンプラー　大さじ2

オリーブオイル　大さじ1
ジャスミンライス（→P34）　茶碗2杯分
青唐辛子（あれば）　4本

作り方

1. えびは殻に切り目を入れ、背ワタをとる。
2. 玉ねぎは縦に1cm幅に切り、黄パプリカは細切りに。アスパラは根元のかたい皮をむき、3cm長さの斜め切りにする。
3. 鍋にオリーブオイルを中火で熱し、**A**を炒める。香りが立ったら玉ねぎとパプリカを加え、スパイスをなじませながら炒める。
4. 野菜がしんなりしたら**B**を加え、アクをとりながらひと煮立ちさせる。**1**と**C**を加え、再びひと煮立ちさせる。
5. えびに火が通ったらアスパラを加え、さっと煮る。器に盛り、ジャスミンライスを添え、あれば青唐辛子をのせる。

Memo
日本ではグリーンカレー、レッドカレーと一緒に「タイの三大カレー」と言われているイエローカレーです。グリーンカレーより辛さがマイルドなので、食べやすくて人気がありますね。黄色はターメリックの色ですが、ここでは他のスパイスもミックスされているカレー粉を使いました。

ベトナムのチキンカレー

日本では「カレーにはじゃがいも」がポピュラーですが、
カレーのスープがしみたさつまいもは新鮮なおいしさです。

材料（2人分）

鶏もも肉　300g
薄力粉・カレー粉　各大さじ2
玉ねぎ　1個
赤ピーマン　2個
さつまいも　大1/2本（200g）
A ┬ にんにく（みじん切り）　1片分
　└ しょうが（みじん切り）　1かけ分
B ┬ レモングラス　2〜3本
　├ 酒　大さじ2
　└ 水　1と1/4カップ
C ┬ ココナッツミルク　1カップ
　└ ニョクマム　大さじ2と1/2
塩　少々
粗びき黒こしょう　適量
オリーブオイル　大さじ1
バゲット　1/2本

作り方

1. 鶏肉は皮を除き、3cm角に切る。塩、黒こしょう少々をふり、薄力粉をまぶす。
2. 玉ねぎと赤ピーマンは縦に7〜8mm幅に切る。さつまいもは2cm厚さの輪切りにし、水に3分さらして水けをきる。
3. フライパンにオリーブオイルとAを弱めの中火で熱し、香りが立ったら1とカレー粉を加え、鶏肉になじませながら焼く。
4. 焼き色がついたら2とBを加え、アクをとりながらひと煮立ちさせ、ふたをして弱火で約10分煮る。
5. Cを加え、さらに約10分煮たら器に盛り、黒こしょう適量をふり、バゲットを添える。

Memo　ベトナムにはチキンカレーが多く、ベトナム料理でよく使うさつまいもと、ココナッツミルク、レモングラスを加えるのが特徴。カレーといっても辛さはマイルドです。ご飯や麺に合わせてもおいしいですが、フランス領だったベトナムでは、バゲットを浸して食べることも多いそうです。

卵とチキンのインドネシアカレー

日本のカレーに近い味で、やさしい辛さの食べやすいカレーです。
ゆで卵をくずして、全体に混ぜていただくのがおいしい。

材料（2人分）

鶏手羽元　6本
ゆで卵　2個
玉ねぎ　1/2個
セロリ　1/2本
トマト　大1個
にんにく（薄切り）　1片分
カレー粉　大さじ2
A ┌ 酒　大さじ2
　└ 水　1と1/4カップ
ココナッツミルク　1カップ
B ┌ コリアンダーパウダー　小さじ1
　├ ナンプラー　大さじ2
　└ 粗びき黒こしょう　少々
オリーブオイル　小さじ2
チリパウダー　適量
ご飯　茶碗2杯分

作り方

1. 玉ねぎは8等分のくし形切りにし、セロリは筋をとり、斜め薄切りにする。トマトはざく切りにする。

2. 鍋にオリーブオイルとにんにくを弱めの中火で熱し、香りが立ったら手羽元を焼く。焼き色がついたらカレー粉を加え、手羽元になじませる。

3. 玉ねぎとセロリを加えて炒め、しんなりしたらトマトとAを加え、アクをとりながらひと煮立ちさせる。

4. ふたをして弱火で約15分煮たら、ゆで卵とココナッツミルクを加え、さらに約8分煮る。Bを加えて味をととのえ、ご飯とともに器に盛り、チリパウダーをふる。

Memo　インドネシアのカレーは、基本的にまろやかで辛さはほとんどなく、サラリとしています。宗教の関係で牛肉や豚肉ではなく、鶏肉や魚介を使うことが多いのも特徴で、ゆで卵と一緒に煮込んだ料理もよく見かけます。

シナモンが強く香るこのカレーには
味のある玄米がおすすめです。

キーマカレー

材料（2人分）

牛ひき肉　200g
玉ねぎ　1/2個
トマト　大1個
いんげん　8本
紫玉ねぎ　1/5個

A ┌ にんにく（みじん切り）　1片分
　└ しょうが（みじん切り）　1かけ分

B ┌ シナモンスティック　1本
　│ カルダモン　4粒
　│ 酒　1/4カップ
　└ 水　1カップ

C ┌ カイエンペッパー（またはチリパウダー）　小さじ1/2
　│ コリアンダーパウダー・クミンパウダー　各小さじ1
　│ 塩　小さじ1/2
　└ しょうゆ　小さじ2

オリーブオイル　大さじ1
玄米　2合

Memo　ヒンズー教徒の多いインドではマトンや鶏肉を使うようですが、ここでは牛ひき肉にしました。豆を加えたものもあります。

作り方

1. 玄米はさっと洗い、水けをきって鍋に入れ、米の倍量の水に半日つける。塩ひとつまみ（分量外）を加え、ふたをして強火にかける。煮立ったら弱火で50分炊き、火を止めて15分蒸らす。
2. 玉ねぎはみじん切りに、トマトはざく切りにし、いんげんは筋をとり、1cm長さに切る。紫玉ねぎは粗みじん切りにし、水に3分さらして水けをきる。
3. 鍋にオリーブオイルとAを弱めの中火で熱し、香りが立ったら玉ねぎを炒める。透き通ってきたらひき肉を加えて炒める。
4. 肉の色が変わったらトマトとBを加え、アクをとりながらひと煮立ちさせる。
5. ふたをして弱火で約8分煮たらいんげんとCを加え、さらに7〜8分煮る。器に盛り、紫玉ねぎを散らし、1を添える。

スパイシーカレーピラフ

ナンプラーをきかせたしっかり味です。
さわやかなミントと一緒に!

材料(2人分)
- えび 6尾
- 片栗粉 大さじ2
- 米 2合
- 玉ねぎ 1/2個
- 赤ピーマン 1個
- A
  - にんにく(みじん切り) 1片分
  - しょうが(みじん切り) 1かけ分
- B
  - カレー粉 大さじ1と1/2
  - コリアンダーパウダー 小さじ1
- C
  - ココナッツミルク 1/2カップ
  - 酒 大さじ2
  - ナンプラー 大さじ2と1/2
  - 水 1カップ
- オリーブオイル 大さじ1
- ミント・粗びき黒こしょう 各適量

作り方

1. えびは殻と背ワタをとる。片栗粉をふってもみ、流水で洗い流し、キッチンペーパーで水けをふいて1cm角に切る。米は洗って水けをきる。
2. 玉ねぎと赤ピーマンはみじん切りにする。
3. 鍋にオリーブオイルとAを弱めの中火で熱し、香りが立ったら2を加えて炒める。玉ねぎが透き通ってきたらBを加え、全体になじませる。
4. 米とCを加え混ぜ、ふたをして強火にする。煮立ったら弱火で15分炊き、約15秒強火で加熱し、火を止める。えびを加えて15分蒸らし、よく混ぜて器に盛り、ミントを添え、黒こしょうをふる。

Memo インドネシアには、鶏肉のスパイシーな炊き込みご飯がありますが、今回はえびを使って魚介の風味を加えました。

牛肉とトマトのカレー

相性のいい牛肉とトマトに、コリアンダーとニョクマムで風味づけ。
日本人も好きな味にアレンジしたこのカレーには、普通の白米が合います。

材料（2人分）

牛こま切れ肉　200g
紫玉ねぎ　1個
トマト　2個
A ［ カレー粉　大さじ2
　　酒　大さじ2 ］
ニョクマム　大さじ2と1/2
にんにく（みじん切り）　1片分
コリアンダーパウダー　小さじ1
塩・粗びき黒こしょう　各少々
ごま油　小さじ2
ご飯　茶碗2杯分
香菜（粗く刻む）　2本分

作り方

1. 紫玉ねぎは粗みじん切りにし、トッピング用に少量残す。トマトはそれぞれ8等分に切る。Aとニョクマム大さじ1と1/4を合わせ、牛肉によくもみ込む。

2. フライパンにごま油とにんにくを弱めの中火で熱し、香りが立ったら1の紫玉ねぎを加え、さっと炒める。牛肉を加えて炒め、肉の色が変わったらトマトを加え、さっと炒める。

3. コリアンダーパウダーを加えて手早く炒め、トマトが煮くずれてきたら、残りのニョクマム、塩、黒こしょうで味をととのえる。

4. ご飯とともに器に盛り、トッピング用の紫玉ねぎと香菜を散らす。

Memo　ベトナムのカレーはサラッとしたスープ状のものが多いですが、それ以外に、肉と野菜をカレー風味に炒めた料理もよく見かけます。この料理は、その炒め物をヒントにしました。旅先で食べたものを思い出しながら、日々の食卓に合うようアレンジするのは、とても楽しい作業です。

ラムとコリアンダーのカレー

ピリッとした辛みと、コリアンダーの清々しい香りが特徴のカレー。
サフランライスやナンと合わせるのがおすすめです。

材料（2人分）

- ラム肉（焼き肉用）　300g
- 玉ねぎ　1個
- なす　2本
- A
  - にんにく（みじん切り）　1片分
  - しょうが（みじん切り）　1かけ分
- B
  - トマト（ざく切り）　大2個分
  - トマトペースト　大さじ1
  - 白ワイン　1/4カップ
- C
  - コリアンダーパウダー・クミンパウダー　各小さじ1
  - レッドペッパー　小さじ1/2
  - ナンプラー　大さじ1と1/2
- 香菜（みじん切り）　5本分
- オリーブオイル　大さじ3

作り方

1. 玉ねぎは8等分のくし形切りにする。なすは1cm厚さの輪切りにし、水に5分さらして水けをきる。
2. 鍋にオリーブオイル大さじ1とAを弱めの中火で熱し、香りが立ったらラム肉を加えて焼き、両面に焼き色がついたらバットに取り出す。
3. 2のフライパンに残りのオリーブオイルとなすを入れ、やわらかくなるまで中火で焼く。玉ねぎを加えてさっと炒め、2を戻し入れ、Bを加えてアクをとりながらひと煮立ちさせる。
4. ふたをして弱火で約10分煮たらCを加えて混ぜ、香菜を加え、ひと煮立ちさせる。

Memo　アジア料理でよく使う「香菜」は、タイ語で「パクチー」、英語で「コリアンダー」といわれ、世界のあちこちで使われています。その種子を乾燥させたコリアンダーシードは、インド料理に大活躍のスパイスです。ここではパウダータイプを使いました。

Asian Table 4
INDIA

主菜：ラムのクミン焼き（P39）
つまみ：サモサ（P27）
サラダ：キャベツとパプリカのサブジ（P26）
主食：ほうれん草とチーズのカレー（P83）
ドリンク：ラッシー（P78）

アジアのごはん ★ エッセイ

本場のカレー作りに感動した、思い出深いインドの旅。

インドは、これまでに旅したアジアの中で最も印象深い国です。学生時代の貧乏旅行でしたが、ネパールと合わせて2か月ほどの長い旅だったので思い出もたくさん。「インドに行って人生観が変わった」という人も多いですが、私も日本とはまったく違う文化の中、見るもの聞くものすべてが新鮮で、カルチャーショックを受けたことを覚えています。このときは、ネパールのカトマンズから北インドのバラナシに入り、カルカッタから海岸線を南下して、南インドのマドラス（現在はチェンナイ）、コーチン、ゴア、ムンバイを旅しました。どの土地にもそれぞれのよさがありますが、特に南インドの海に面したケララ州の心地よさに圧倒された記憶があります。海沿いにズラッと並ぶレストランや、森の中のパン屋さん、パンとオムレツを出すお店もあって、まるでヨーロッパのような雰囲気でした。同じ国でも北インドとはまったく違う、南国的な明るさもありました。

インドでもおいしいものをたくさん食べました！ 北インドでは、現地の人が多い普通の食堂に通って、主に南アジアで食べられているパンの「チャパティ」と、豆の煮込み「ダル」をよく食べました。これな

エキゾチックなたたずまい……

ビンの形も
かわいい
スパイス

INDIA

ら安くあがるので、お金のない学生旅行には大助かりです。たまにちょっとぜいたくをして、ベジカレーなどを食べるときはワクワクでした！日本のインド料理屋さんではカレーにナンは付き物ですが、当時のインドでは高級品だったようで、ナンを食べている人があまりいないのがちょっと驚きでした。余談ですが、一緒に行った友人や旅先で知り合った人たちは、ほとんどみんなインドでお腹をこわしましたが、私だけは無事。やはり料理家の胃腸の強さは尋常ではないのかもしれません。

この旅では小さな安宿を泊まり歩いていたのですが、一番思い出深いのは、ケララ州の森の中のかわいい平屋のゲストハウス。なんと台所は屋外にあって、そこでオーナーであるお母さんに、生のスパイスを石うすでつぶして作るフィッシュカレーの作り方を教えてもらいました。そのおいしさはもちろんのこと、「本場のカレーは、こんなふうにスパイスを使って作るんだ！」と感動したことを鮮明に覚えています。

あれから10数年たち、今はきっといろいろ変わっているところもあるだろうなと思います。近いうちに必ず再訪したいと願っています。

カレー用の
お弁当箱は
便利

ワタナベ マキ
Maki Watanabe

料理家。2005年に「サルビア給食室」として料理の活動を始める。「日々の食事を大切にしたい」という思いが込められた料理は、作りやすくて独創的な素材の組み合わせに定評がある。ナチュラルなライフスタイルにもファンが多く、雑誌や書籍、広告、テレビなど多方面で活躍中。忙しい合間を縫ってアジア各国やハワイなどに出かける旅好きでもある。第2回「料理レシピ本大賞」入賞の『そうざいサラダ』『そうざいスープ』『らくちんごはんの本』『つまみサラダ100』(すべて小社刊)、『瀬戸内「やまくに」のいりこで毎日おかず』(女子栄養大学出版部)など著書も多数。

撮影　佐々木カナコ(アジアの旅先にて)

STAFF
アートディレクション・デザイン　鳥沢智沙(sunshine bird graphic)
撮影　寺澤太郎
スタイリング　佐々木カナコ
校閲　滄流社
取材・構成　草柳麻子
編集　泊出紀子

アジアのごはん

著　者　ワタナベ マキ
編集人　泊出紀子
発行人　倉次辰男
発行所　株式会社 主婦と生活社
　　　　〒104-8357　東京都中央区京橋3-5-7
　　　　TEL 03-3563-5129(編集部)
　　　　TEL 03-3563-5121(販売部)
　　　　TEL 03-3563-5125(生産部)
　　　　https://www.shufu.co.jp/
製版所　東京カラーフォト・プロセス株式会社
印刷所　大日本印刷株式会社
製本所　小泉製本株式会社
ISBN978-4-391-14853-4

落丁・乱丁の場合はお取り替えいたします。お買い求めの書店か、小社生産部までお申し出ください。

Ⓡ本書を無断で複写複製(電子化を含む)することは、著作権法上の例外を除き、禁じられています。本書をコピーされる場合は、事前に日本複製権センター(JRRC)の許諾を受けてください。
また、本書を代行業者等の第三者に依頼してスキャンやデジタル化をすることは、たとえ個人や家庭内の利用であっても一切認められておりません。
JRRC (https://jrrc.or.jp　Eメール：jrrc_info@jrrc.or.jp　TEL：03-6809-1281)

ⒸMAKI WATANABE 2016 Printed in Japan

謝謝招待！
ごちそうさまでした！

お送りいただいた個人情報は、今後の編集企画の参考としてのみ使用し、他の目的には使用いたしません。
詳しくは当社のプライバシーポリシー(https://www.shufu.co.jp/privacy/)をご覧ください。